大连海事大学校企共建特色教材

大连海事大学—海丰国际教材建设基金资助

主编 / 刘翠莲

港口装卸工艺

GANGKOU ZHUANGXIE GONGYI

（第2版）

大连海事大学出版社

DALIAN MARITIME UNIVERSITY PRESS

图书在版编目（CIP）数据

港口装卸工艺／刘翠莲主编. —2 版.—大连 ：
大连海事大学出版社，2023.12
ISBN 978-7-5632-4469-0

Ⅰ. ①港⋯ Ⅱ. ①刘⋯ Ⅲ. ①港口装卸 Ⅳ.
①U691

中国国家版本馆 CIP 数据核字（2023）第 213793 号

大连海事大学出版社出版

地址：大连市黄浦路523号　邮编：116026　电话：0411-84729665（营销部）　84729480（总编室）

http://press.dlmu.edu.cn　E-mail：dmupress@ dlmu.edu.cn

大连天骄彩色印刷有限公司印装　　　　　　　　　**大连海事大学出版社发行**

2013 年 2 月第 1 版　　　2023 年 12 月第 2 版　　2023 年 12 月第 1 次印刷
幅面尺寸：184 mm×260 mm　　　　　　　　　　　　　印数：1～1000 册
印张：9.5　　　　　　　　　　　　　　　　　　　　字数：213 千

出版人：刘明凯

责任编辑：张　冰　　　　　　　　　　　　　　　　责任校对：陈青丽
封面设计：解瑶瑶　　　　　　　　　　　　　　　　版式设计：解瑶瑶

ISBN 978-7-5632-4469-0　　　定价：24.00 元

大连海事大学校企共建特色教材

编 委 会

总前言

航运业是经济社会发展的重要基础产业,在维护国家海洋权益和经济安全、推动对外贸易发展、促进产业转型升级等方面具有重要作用,对我国建设交通强国、海洋强国具有重要意义。大连海事大学作为交通运输部所属的全国重点大学、国家"双一流"建设高校,多年来为我国乃至国际航运业培养了大批高素质航运人才,对航运业的发展起到了重要作用。

进入新时代以来,党中央、国务院及教育主管部门对高等教育的人才培养体系提出了更高要求,对教材工作尤为重视。根据要求,学校大力开展了新工科、新文科等建设及产教融合、科教融合等改革。在教材建设方面,学校修订了教材管理相关制度,建立了校企共建本科教材机制,大力推进校企共建教材工作。其中,航运特色专业的核心课程教材是校企共建的重点,涉及交通运输、海洋工程、物流管理、经济金融、法律等领域。

2021 年以来,大连海事大学与海丰国际控股有限公司签订了校企共建教材协议,共同成立了"大连海事大学校企共建特色教材编委会"(简称"编委会"),负责指导、协调校企共建教材相关工作,着力建成一批政治方向正确、满足教学需要、质量水平优秀、航运特色突出、符合国家经济社会发展需求和行业需求的高水平专业核心课程教材。编委会成员主要由大连海事大学校领导和相关领域专家、海丰国际控股有限公司领导和相关行业专家组成。

校企共建特色教材的编写人员经学校二级单位推荐、学校严格审查后确定,均具有丰富的教育教学和教材编写经验,确保了教材的科学性、适用性。公司推荐具有丰富实践经验的行业专家参与共建教材的策划、编写,确保了教材的实践性、前沿性。学校的院、校两级教材工作委员会、党委常委会通过个人审读与会议评审相结合、校内专家与校外专家相结合等不同形式对教材内容进行学术审查和政治审查,确保了教材的学术水平和政治方向。

在校企共建特色教材的编写与出版过程中,海丰国际控股有限公司还向学校提供了经费资助,在此表示感谢。大连海事大学出版社对教材校审、排版等提供了专业的指导与服务,在此表示感谢。同时,感谢各方领导、专家和同仁的大力支持和热情帮助。

校企共建特色教材的编写是一项繁重而复杂的工作,鉴于时间、人力等方面的因素,教材内容难免有不妥之处,希望专家不吝指正。同时,希望更多的航运企事业单位、专家学者能参与到此项工作中来,为我国培养高素质航运人才建言献策。

大连海事大学校企共建特色教材编委会

2022 年 12 月 6 日

内容提要

本书共由七章组成。其中第一章绪论,介绍了港口及港口企业、港口装卸工艺概述、港口企业生产要素的构成、装卸机械系统、港口装卸工艺的性质与作用;第二章至第六章分别介绍了件杂货码头装卸工艺、集装箱码头装卸工艺、干散货码头装卸工艺、液体散货码头装卸工艺、重大件货物码头装卸工艺;第七章介绍了港口指标。

本书内容翔实、注重理论紧密结合实际,各章由学习目标、问题提出、本章内容、本章小结、案例分析、思考题组成,既可作为高等院校交通管理、交通运输、物流管理、物流工程以及其他相关专业本科生、研究生的教材,亦可用于港口管理、航运管理、物流管理、物流工程方面的培训,同时还可供港口、航运、物流等相关企业管理人员参考。

本书配套资源课,扫二维码即可观看。

第 2 版前言

港口作为五种运输方式的交汇点、物流链上的节点,其运输枢纽的作用随着当代港口功能的扩展愈加彰显,港口装卸生产是港口服务的核心内容,而港口装卸工艺是港口装卸生产的基础。

本书重点介绍了港口及港口企业、港口企业生产要素的构成、件杂货码头装卸工艺、集装箱码头装卸工艺、干散货码头装卸工艺、液体散货码头装卸工艺、重大件物货码头装卸工艺、港口指标等内容,既可作为高等院校交通管理、交通运输、物流管理、物流工程以及其他相关专业本科生、研究生的教材,亦可作为港口管理、航运管理、物流管理、物流工程方面的培训用书,同时也还供港口、航运、物流等相关企业管理人员参考。

本书力求体现以下特点:

(1)目标明确。本书所要阐述的目标通过核心问题展现,包括:何谓港口装卸工艺?针对到港的不同运输工具(船、车)需要哪些设施及设备完成货物在港口的换装作业?以及如何合理地利用这些设备组成高效的装卸机械系统?如何衡量港口装卸工艺方案的优劣?

(2)内容设置条理清晰,逻辑性、针对性强。全书内容的设定首先是理论铺垫,重点是针对主要货种的码头工艺,最后是量化的指标。各章由学习目标、问题提出、本章内容、本章小结、案例分析、思考题组成,针对各货种码头装卸工艺的阐述主要是按照港口通过能力这条主线去研究其装卸机械系统。

(3)注重实操。本书的难点之一是部分读者尤其是本科生如果缺少感性认知,对部分知识点的理解就可能非常困难。基于此,作者在编写过程中,通过大量的图、表、流程来帮助读者理解相关内容,同时各章通过案例分析强调主要的知识点。

本书能够撰写及再版完成要感谢我历届的研究生:刘娜、郑泽一、王杰、张巧君、李瑜洋、温见铨、赵维阁、衡丽娜、战思绮、刘健美、李琪、刘南南、宫宝俊、郁蕲兰、徐婷、王晨、王振广、任晓敏、罗晓兰、张静、邢爽、武剑、滑素培、马安娜、杨娟、王悦、梅柠、范方超等,感谢我的恩师陈家源教授,感谢历届领导及师长王诺、杨赞、吕靖、范厚明教授等,感谢企事业单位的领导及朋友,感恩母校上海海事大学、大连海事大学,感谢我的家人!

本书的写作,参考、吸收、采用了众多学者的专著、教材及在报纸、期刊、网站上发表的研究成果,借本书即将再版之际,谨向有关专家、学者表示衷心的感谢!

由于作者水平有限,书中存在不妥之处在所难免,敬请专家、读者批评指正,多谢!

编者

2023 年 6 月

第1版前言

港口作为五种运输方式的交汇点、物流链上的节点,其运输枢纽的作用随着当代港口功能的扩展愈加彰显,港口装卸生产是港口服务的核心内容,而港口装卸工艺是港口装卸生产的基础。

本书重点介绍了港口及港口企业、港口企业生产要素的构成、件杂货码头装卸工艺、集装箱码头装卸工艺、干散货码头装卸工艺、液体散货码头装卸工艺、重大件货物码头装卸工艺、港口指标等内容,既可作为高等院校交通管理、交通运输、物流管理、物流工程以及其他相关专业本科生、研究生的教材,亦可用于港口管理、航运管理、物流管理、物流工程方面的培训,同时还可供港口、航运、物流等相关企业管理人员参考。

本书力求体现以下特点:

(1)目标明确。本书所要阐述的目标通过核心问题展现,包括:何谓港口装卸工艺?针对到港的不同运输工具(船、车)需要哪些设施及设备完成货物在港口的换装作业,以及如何合理地利用这些设备组成高效的装卸机械系统?如何衡量港口装卸工艺方案的优劣?

(2)内容设置条理清晰,逻辑性、针对性强。全书内容的设定首先是理论铺垫、重点是针对主要货种的码头工艺,最后是量化的指标,各章由学习目标、问题提出、本章内容、本章小结、案例分析、思考题组成,针对各货种码头装卸工艺的阐述主要是按照港口通过能力这条主线去研究其装卸机械系统。

(3)注重实操。本书的难点之一是部分读者尤其是本科生如果缺少感性认知,对部分知识点的理解就可能非常困难,基于此,在编写过程中,通过大量的图、表、流程来帮助读者理解相关内容,同时各章通过案例分析强调主要的知识点。

本书能够撰写完成要感谢我历届的研究生:刘健美、李琪、刘南南、宫宝俊、郁黉兰、徐婷、王晨、王振广、任晓敏、罗晓兰、张静、邢爽、武剑、滑素培、马安娜、杨娟、王悦、梅柠、范方超等,感谢我的恩师陈家源教授,感谢历届领导及师长杨赞、吕靖、王诺教授等,感谢企事业单位的领导及朋友,感恩母校上海海事大学、大连海事大学,感谢我的家人!

本书的写作,参考、吸收、采用了众多学者的专著、教材及在报纸、期刊、网站上发表的研究成果,借本书即将出版之际,谨向有关专家、学者表示衷心的感谢!

由于作者水平有限,书中存在不妥之处在所难免,敬请专家、读者批评指正,多谢!

编者
2012 年 10 月

目　　录

第一章
绪论

🌐 学习目标

通过本章的学习,应该能够:

1.掌握港口的概念、功能;

2.描述港口生产的基本过程及主要特征;

3.明确港口装卸工艺是什么及其相关的概念;

4.分析港口企业生产要素的构成;

5.了解港口装卸机械系统及其分类;

6.论述港口装卸工艺的性质及作用。

👤 问题提出

什么是港口?完成货物换装作业的地点在哪里?港口具有哪些功能?港口生产的基本过程及主要特征是什么?什么是港口装卸工艺?什么是装卸机械系统?装卸工艺过程所要解决的问题是什么?如何实现货物在港口的换装位移?如何衡量港口装卸工艺方案的优劣?如何实现港口装卸工艺?港口装卸工艺的目标是什么?这一系列问题将是本章要解答的。

第一节 ◉ 港口及港口企业

学习港口装卸工艺首先要了解其作业的地点——港口及港口企业。

一、港口的概念及组成

港口是指具有船舶进出、停泊、靠泊,旅客上下,货物装卸、驳运、储存等功能,具有相应的码头设施,由一定范围的水域和陆域组成的区域。

港口的发展与世界经济、国际贸易、船型的发展密切相关。港口在与之相关的多式联运系统中,它既是网络系统中的枢纽,又是为车、船、货、客提供服务的中心。

1

港口一般应由以下部分构成：

（一）港口水域

港口水域包括航道、锚地、港池。水域是供船舶进出港，以及在港内运转、锚泊和装卸作业使用的。因此要求它有足够的深度和面积，水面基本平静，流速和缓，以便船舶安全操作。港口水域又可分为港外水域和港内水域。

港外水域：主要是指进出港航道和锚地。多数海港和河港都有天然进出港航道，当水深不满足航行要求时，需要疏浚和整治。对有防波堤掩护的海港，通常将口门之外的航道称为港外航道。内河港口的航道常常在主航道靠近码头的一侧，要求有适当的宽度，既不影响主航道上船舶的航行，又与码头锚地留有足够的距离。锚地是供进出港船舶抛锚停泊使用的，外籍船舶在此接受边防检查、卫生检疫等，引航员也需在此上下船，同时也供大型船队进行解队、编队之用（河港）。进出港航道与港外锚地可用航标加以标示。

港内水域：通常把港池内水面部分称为港内水域，包括港内航道、港内锚地、码头前沿水域和船舶掉头区。港内锚地主要供船舶等泊位、编解船队或进行水上装卸用。码头前沿水域必须有足够的深度和宽度以便使船舶能方便地靠离。掉头区在港内航道与码头之间，供船舶回转之用。

（二）港口陆域

港口陆域包括码头岸线、泊位、仓库、堆场等陆上一切建筑所占据的陆地面积，即自港口岸线到陆上港界。陆域是供旅客上下船，以及货物的装卸、堆存和转运使用的，因此要求陆域有适当的高程、岸线长度和纵深，以便布置装卸设备、仓库和堆场、铁路、公路以及各种必要的生产、生活设施。

（三）港口建筑

港口建筑包括陆上建筑：仓库房屋、道路（铁路、公路、桥梁等集疏运设施）、客运站等；水上建筑：航道、防波堤、护岸、码头（包括引桥）、浮筒、航标等。

（四）港口作业设施设备

港口装卸、起重、搬运机械及其为装卸生产服务的各种配套设施，如能源动力系统、机械制造厂和保养车间、装卸工属具加工制造车间、港内运输设备（汽车、机车、拖驳船队等）、船舶航修站等。

（五）港口管理与装卸生产组织机构

一般分为两大部分：

1.行政管理（政府）部门

行政管理（政府）部门是相关职能部门代表国家或政府管理港口，主要包括海事局、港口局、船舶检验等港政部门。同时，有些港口还专门设置港口建设与发展规划、港湾环境监督与保护等管理部门。

行政管理的主要任务是执行国家与政府的法令、政策、各项法律，对所有港、航、货等企业进行执法监督，维护国家主权和民族的利益。

2.港口生产管理部门

港口生产管理部门在我国目前主要是二级管理的企业形式，上层属集团层（如上海港集团),下层主要包括各装卸公司、轮驳公司、仓储公司、公路铁路运输公司、机械公司、理货公司等。港口集团根据生产经营的需要,可构建由计划管理系统、生产指挥系统、技术管理系统、经营管理系统、劳动管理系统、后勤服务系统、经济管理系统等构成的管理组织机构。

二、港口的功能

港口的功能是基于港口所提供的服务或者说港口要完成的基本任务体现的,港口的基本任务是:

(1)实现各种运输方式的衔接,加速车、船、货的周转;

(2)完成货物在不同运输方式之间的装卸、换装作业;

(3)为货物的集散、存贮,为旅客的食、宿、上下船等需要提供必要条件和服务;

(4)为船舶提供技术供应的服务,如引航、装卸、航修、燃料、淡水、食品供应和其他补给等;

(5)恶劣天气(如台风)时,为船舶提供隐蔽场所;

(6)海难救助;

(7)为开展国际间的文化、科技、经济、贸易、旅游等往来与交流活动提供服务。

港口的功能主要表现在以下几个方面。

(一)运输、中转的功能

港口是运输链上的一个环节,是运输网络上的枢纽。运输和中转是港口的首要功能。货物到达港口并不是终点,只是为了继续运输而集中存贮、分流、分配等作业环节的完成,这都是运输过程的继续。为了实现运输过程的继续,港口必须完成货物在不同运输方式之间的换装和转载,这就是中转的功能。中转的实现依赖于运输方式的衔接,因此,港口运输、中转功能的重要标志是车、船、货的在港停留时间。运输方式衔接得好,货物换装的速度快,车、船、货在港停留时间就短。这一方面取决于港口具备的能力大小;另一方面取决于港口功能的发挥。

货物在时间上的位移——运达速度是运输企业的重要指标之一。运达速度包括办理托运手续、装卸时间、堆存保管时间和运输货物的时间(即从发货人发货时起到收货人收到货为止的时间),其中,装卸与保管(包括货物在港口集中、等候船舶到达以及部分仓库作业)是在港口进行。所以,运达速度的提高,不仅决定于船舶直接运输货物的时间,更决定于港口如何提高装卸速度、缩短堆存期和船舶作业时间,从而尽可能缩短船舶在港的停泊时间。与此同时,使车、船、货的加速周转得到统一。

在营运期内,通常运输工具的周转次数是决定运输能力大小的主要因素。周转次数越多,船舶、车辆等周转得越快,运输能力就越大,这就要求港口有计划地安排车辆、船舶的装卸作业,加速装卸以提高运输能力。

对船舶运行状态进行分析,在一个航次的总时间中,船舶在港内的停留时间占有相当大的比重。其停留时间包括两部分:一是非生产性停留时间(等泊位、等工人、等机械、等库位、等车、等货、等手续……);二是生产性停留时间(装卸作业时间、上下旅客时间、为装卸作业所必要的技术作业时间)。

非生产性停留时间的产生可归纳为两类原因:

一是由于能力不足造成的排队。港口只有通过扩大通过能力去解决。

二是由于管理水平低，造成生产组织上的混乱，致使港口各环节的能力不能充分发挥，因而也造成排队。这种原因可以通过提高管理水平，加强生产组织工作，使码头、仓库、装卸机械、港内运输设备与铁路、公路等疏运设施发挥最大的效率。同时，使航运、铁路、物资部门同港口相互配合、密切协作也是加速船舶周转的重要因素。

（二）服务的功能

港口的服务功能表现是相当广泛的。"运输中转"的实质也是一种服务，是生产性的服务，既是生产又是服务。在此强调的是另一类服务：接待船舶，船舶技术供应，燃料、淡水、一切船用必需品、船员的食品供应，引航，航次修理等；天气恶劣时船舶隐避的需要；海难的救助；文化、科技、贸易、旅游等。港口应具备这一类的服务功能。目前国内外很多港口的邮轮中心发展很快，那么这些港口的旅游功能将会凸显出来。

服务功能是港口的重要功能之一，它的重要性有时同运输中转的功能占据同等重要的地位。这不仅仅是因为大多数到港的船舶承担着货运任务，需要港口提供服务，而且也有不少船舶虽然不承担货运任务，但是仍需要港口提供必要的服务。服务的质量、效率一方面对运输中转功能的发挥起保证或限制作用；另一方面将产生连锁性的对外影响，甚至关系到民族的尊严和国家的荣誉。

（三）商业贸易的功能

所谓"港以城存、城以港兴"，商港是对外贸易的门户，也是国内商业网络上的枢纽。

在国际贸易中，国家通过港口建立同各国的经济联系，实际上发挥着贸易中心的作用。据统计，在国际贸易中，全世界有90%的货物是依靠海运、通过港口完成的。我国的对外贸易也有90%以上的货物是依靠海运和港口完成的。这主要是由于海运具有运量大、成本低等其他任何运输方式都无可比拟的优越性。所以，许多国家争相发展海运船队，不断扩大港口建设规模。

（四）工业的功能

港口货流的构成中，原料、半成品占极大比重，据统计，在世界贸易中约占2/3以上，这些货物大多是工业的原料、燃料。所以，港口发展是工业发展的前提，尤其是对临海工业，如冶金工业，石油化工工业，造船、修船工业，机器制造工业，电力工业等的发展有促进和带动作用，这是港口工业功能的表现。一些发达的工业国家，工厂自建码头，一方面进口原料；另一方面出口产品都在企业码头上进行。我国一些大港口，也有不少码头是专用的工业码头。当整个港口设施全部为工业服务时，便称为工业港。

（五）国防军事的功能

一般港口在战争时期多为军事服务，开辟专用军事码头。而在和平时期，除了特殊军事需要的港口独立存在之外，一般港口也设有军用码头或泊位，这要根据军运任务的性质和需要决定。港口的军事功能在国防上占有非常重要的地位。在历史中，帝国主义列强都是先从海上侵入我国。因此，在港口建设中，必须重视军事功能在未来战争中的作用。

三、港口分类

港口可以按照用途、地理位置、口岸性质等分类。

(一) 按用途分类

1.商港：主要供旅客上下和货物装卸运转的港口。商港又可分为一般商港和专业港。专业港是专门从事一两种货物装卸的港口。如我国的秦皇岛港以煤炭和石油装卸为主,宁波北仑港以中转铁矿石为主。

2.渔港：专门为渔船服务的港口。如人称"小上海"的沈家门渔港,是我国最大的渔港和海水产品的集散地,享有"渔都"之称。

3.军港：专供军队舰船用的港口。如我国的军港之都——旅顺港。

4.避风港：供大风时船舶临时来避风的港口。避风港一般很少有完善的设施,仅有一些简单的系靠设备。如福建省厦门市北高崎闽台渔轮避风港,往来于福建、台湾的船只就可以在台风来临之前进港避风。

5.工业港：固定为某一工业企业服务的港口。它专门负责该企业原料、产品和所需物资的装卸转运工作。一般设在工厂企业附近,属该企业领导。如武钢工业港就是我国目前最大的内河专用港口。

(二) 按地理位置分类

1.海港：为海船服务的,在自然地理和水文气象条件方面具有海洋性质。海港包括海湾港、海峡港、河口港。海湾港位于海湾内,常有岬角或岛屿等天然屏障作保护,不需要或需要较少的防护即可防御风浪的侵袭,如位于胶州湾内的青岛港;海峡港是海峡地带上的港口,如新加坡港;河口港是位于河流入海口段的港口,如天津港就位于海河河口。

2.河港：位于江河沿岸,具有河流水文特性的港口,如南京港就位于长江下游南岸。

3.湖港与水库港：位于湖泊和水库岸边的港。如加拿大的桑德贝和美国的塔科尼特就是位于北美五大湖之一的苏必利尔湖内的港口。三峡大坝建成后,水位上升,使得重庆港成为库区内最大的港口。

截至2022年年末,全国港口万吨级以上泊位有2 751个,建成了布局合理、层次分明、功能齐全、河海兼顾、优势互补、配套设施完善的现代化港口体系,形成了环渤海、长江三角洲、东南沿海、珠江三角洲和西南沿海五个规模化、集约化、现代化的港口群体,并在主要货类的运输上形成煤炭运输、石油运输、铁矿石运输、集装箱运输、粮食运输、商品汽车运输及物流、陆岛滚装运输、旅客运输8大系统,具备靠泊装卸40万吨级散货船、50万吨级油船和2.4万标准箱集装箱船的能力。

(三) 按口岸性质分类

1.国内港：是指经营国内贸易,专供本国船舶出入的港口。外国船舶除特殊情况外,不得任意出入。

2.国际港又称开放港,是指进行国际贸易,依照条约或法令所开放的港口。任何航行于国际航线的外籍船舶,经办理手续,均准许进出港口,但必须接受当地航政机关和海关的监督。

3.自由港：所有进出该港的货物，允许其在港内储存、装配、加工、整理、制造再转运到他国，均免征关税。只有在转入内地时才收取一定的关税，如香港即为自由港。

截至2021年底，全国共有经国务院批准对外开放口岸313个，批准设立的保税港区14个，港口能为用户提供配送、包装、保税、供油供水等多种服务。临港工业纷纷依托港口实现了快速发展，许多有实力的企业也选择港口城市作为发展之地，形成保税港区、港口物流园区、临港工业区等一批新的港口经济增长点。

四、港口企业

港口企业是指主营港口业务的企业，即港埠企业。港口业务是指在港口内为运送货物、旅客，向船舶、货主和旅客提供的服务，包括船舶进出港、靠离码头、装卸作业、船舶供应等服务；货物的装卸、搬运、储存、理货等以及与货运有关的服务；旅客候船、上下船舶及其旅行所需要提供的服务。港口生产的基本过程及主要特征表现在以下几个方面。

（一）港口生产的基本过程

运输业的生产不改变生产对象的自然性质和物质形态，也不创造实体的产品。它的产品是为了完成客、货位移所提供的服务。港口生产则仅仅是完成货物在不同运输方式之间的换装及临时堆存保管。因此，港口生产包括以下几个部分。

1.货物的装卸、贮存和港内运输生产

这是港口的主要生产任务。货物被车、船运到港口，为了实现货物在车、船之间的换装中转，必须首先完成装卸作业。但是，由于车、船载货能力、运行规律各不相同，因此换装作业多数不直接在"车—船"之间进行，所以，在港口必然产生货物的集散过程，于是货物在港口往往需要贮存一段时间。在装卸、贮存的过程中，由于泊位、库场的专业化分工和布局上的特点，货物在港内的运输是不可避免的，这不只是一般装卸工艺过程中的水平搬运，而且是前方与后方库场之间的倒载运输或者港区范围内的驳船运输。

2.以船舶为主要对象的服务性生产

服务性生产主要是对船舶的技术服务，如引航、移泊、航修、燃料、淡水、食品、船用备品的供应，船舶污水处理等。这类生产虽然不反映港口通过能力的大小，但也是港口生产不可缺少的组成部分。一方面，它对港口的主要生产活动起支持和辅助作用；另一方面，它所创造的产值是相当可观的。在某些港口，货物吞吐量并不是港口的主要任务，而是以向船舶提供各项服务为主。

3.为装卸生产服务的辅助性生产

这一类生产是指港口装卸机械设备的修理；库场、码头道路等工程建筑设施的维护、修理；装卸工属具的加工、制造、保养、维修等。辅助性生产在港口占有十分重要的地位，虽然它既不产生吞吐量、操作吨，又不直接创造产值。但是，它以维持和恢复港口的生产能力为主要任务，所以，它是保证装卸生产正常进行的技术准备，也是服务性生产的技术准备。如果没有辅助生产或者忽视了它的重要地位和作用，港口的主要生产任务既不可能持久也不可能全面完成。

港口装卸生产是港口的主要生产，但不是唯一的生产。它是由包括服务性生产、辅助性生产在内的生产任务构成港口生产的整体，它们三者存在着互为依存的关系，一般情况下,港口以装卸生产为其主要生产任务,同时,它也是确定服务性生产和辅助性生产规模的依据。服务性生产和辅助性生产是保证装卸生产连续进行的技术基础和物质保证。实践中,由于辅助性生产或服务性生产没有组织好而影响了装卸生产正常进行的事实也是时有发生的。因此,在组织装卸生产的同时,有计划地安排好其他两类生产也是相当重要的,不能只重视装卸生产的主导作用,而忽视其他生产的辅助作用。主导与辅助在一定的条件下,可能互相转化,在辅助性生产影响到主要生产无法进行的情况下,辅助便上升到主导的地位,而主导也就自然地退居于次要地位。

由此可见,港口的生产计划安排、生产组织、各作业环节的衔接与平衡、生产进度的控制与调整不仅仅是装卸生产一个方面,同时应该包括服务性生产和辅助性生产各项内容。当一个泊位的岸壁维修、道路翻新、机械大修理、库场的改造分别安排在不同时期进行,那么,泊位将在各项维修的连续时间内部处于停止营运状态而不能进行生产。如果注重各项维修任务在时序、人力、物力和财力方面统筹安排、协调计划、控制进度,尽可能地组织平行作业以符合时序经济原则,就可以大大缩短各项维修工程的延续时间,提高泊位的利用率,扩大泊位通过能力。

港口生产有节奏地连续进行,除了计划的准确,调度指挥得当,生产过程的严密组织之外,辅助性生产、服务性生产的协调与配合也是不可缺少的重要因素。所以,应该统一把各项生产任务纳入全港的整体生产计划之内,重视各项生产任务之间的关系、发展比例、能力的配置等。

港口的生产过程主要由这三项任务派生出来,即装卸生产过程、服务性生产过程、辅助性生产过程。服务性生产过程、辅助性生产过程与装卸生产过程之间的关系,可以用图1-1描述。在装卸生产过程中除了产生必要的产品之外,还将产生服务性和辅助生产的需要,它们分别以生产要素输入服务过程或辅助生产过程,同时服务性生产和辅助性生产的部分产品也以生产要素输入装卸生产过程。

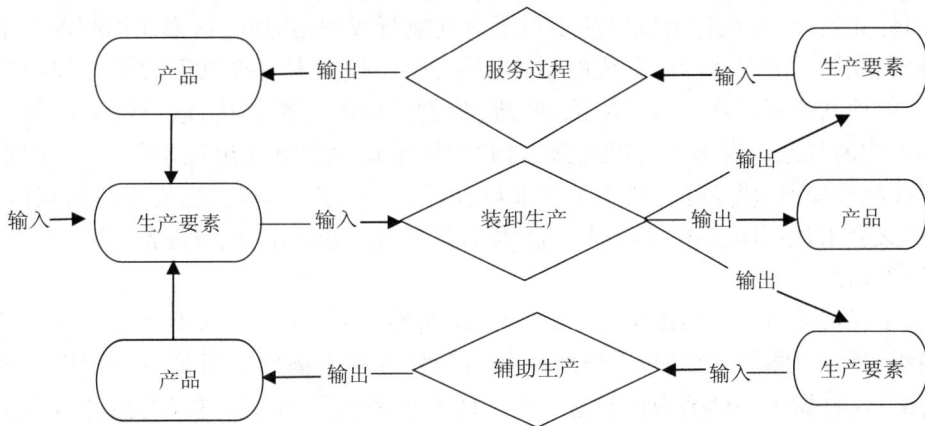

图 1-1　港口的生产过程

(二)港口生产的主要特征

1.港口生产能力的超前性

了解港口生产能力的超前性,是为了解决港口企业高峰期需求问题。港口生产的产品不是通过物质对象的加工,改变其自然性质和物质形态而获得的具有实体的新产品,而是为了完成客、货的换装位移所提供的服务,其计量单位为吞吐量或货物自然吨。这一产品既不能储存,也不能调拨,产品本身不能离开生产过程而独立存在。

（1）这里必须强调:缩短货物在港口的中转过程是缩短货物流通过程的一个重要方面。

因为堆存在库场的货物并不是港口的产品,也不能计算其吞吐量或装卸量,只有当货物被装上船或车辆之后才计算其产量。货物在不同运输方式之间中转换装是流通过程的继续而不是终结。

（2）由于港口的产品不能储备,港口要扩大再生产,扩大港口的通过能力,必须超前建设码头、仓库或堆场,购置装卸机械设备,扩大疏运能力。

（3）必须使港口具备足够的通过能力和相当规模的储备能力。当然,这些能力在一定的时期内可能处于闲置状态。

（4）港口企业后备能力的合理规模应该使装卸单位货物所分摊给港口、运输工具、货主三者的总消耗最少。

2.港口生产的不平衡性与储备性

港口生产的不平衡性是它的显著特点。造成这种不平衡性的因素是多层次的。首先,由于货流在空间和时间上分布的不均衡性。两种不均衡的特征在货物到达港口的时间上得到集中反映,即使是稳定的货流,由于船舶、车辆运行、到达规律的不同,实际的货流并不是以稳定的连续流到达,而是以变化的间断流到达。

其次,由于车、船类型的不同,尤其是相差悬殊的承载能力,再加上不同的运行规律,这就造成了车、船衔接的不平衡。港口之所以设置一定规模、容量的库场,主要是解决车、船等不同运输方式之间衔接上的矛盾和承载能力的矛盾,缓冲货流在集疏过程中的不均衡状态,减少车、船互相等待的脱节现象。这种不平衡的规律是影响库场容量的重要因素。

气象因素对港口生产的不平衡性影响是不能忽视的。风、雾、雨、雪、高温等往往迫使港口停止装卸,台风将造成船舶不得不改变航行或到达时间,这都在加剧着不平衡状态,因此,在短短的时间内所造成的生产不平衡性,往往需要投以很大努力和相当长的时间才能使其恢复正常。由于车流、船流、货物流的不均衡到达,港口的生产就会出现忙、闲不均的状态。当车、船、货流密集到达时,港口生产就会出现紧张状态,产生大量车、船排队现象,造成运输工具积聚在港口,浪费了运力。当车、船、货流稀疏到达时,港口生产又会出现清闲状态,港口生产能力不能得到充分利用,机械设备、装卸工人、司机待时损失增加。

为了保持港口生产的连续性、节奏性、均衡性,必须掌握它的不平衡规律。通过计划、组织、指挥、协调和控制等手段解决能力与任务不平衡的矛盾是港口生产中经常性的工作。尽管做出各种努力调整港口生产的不平衡状态,但是,港口的生产过程是运输系统中的一个子系统,它受环境因素的影响非常敏感和强烈。生产输入中,除了生产劳动和生产手段之外,生产对象、生产信息都受控于环境,而且劳动和手段也因生产对象、生产信息的经常变化需要改变结构、变换组合。因此,港口生产的不平衡性是绝对的,平衡只是相对的和暂时的。从整个运输系统出发或者从运输网络的整体出发,维持系统或网络的生产平衡,显然比港口生产这个局部环节——子系统的平衡更为重要,这就是港口应具备足够的储备能力的理论根据。

港口储备能力的增加,有利于加速车、船的装卸作业,使车、船、货物在港时间缩短,为使整个系统获得最佳效益,为港口确定一定规模的储备能力是合理的。从理论上讲,储备能力只是在车、船、货密集到达时才被使用,而在正常生产情况下,处于闲置状态。无疑,储备能力的增加将提高港口的装卸成本。但是,车、船、货在港时间的缩短从运输能力和货物的运送速度中的节约可以得到补偿,这也就是从系统的整体出发,以完成货物的位移所投入的总成本最小为目标。

3. 港口生产过程的高度连续性和比例性

由于港口要昼夜不间断地进行装卸作业,所以要求生产的各环节、各工序之间在时间上和空间上都要紧密衔接,具有连续不间断作业的能力,并要求码头、船舶、货物保持一定的比例,码头、机械的能力能适应货物运输装卸的要求,港口内部各环节的能力具有合理比例性。若港口生产各工序中的一个环节中断作业,这种连续性和比例性被破坏,就可能造成效率的降低,生产的减缓,甚至会造成港口压货压港,生产难以进行。

4. 港口生产的复杂性

港口生产的复杂性主要表现在如下几个方面:

第一,输入信息量大,构成复杂。港口企业为使其生产顺利进行,需要掌握和处理大量的信息。例如,作为港口生产基本要素之一的货物,其本身就包含着大量的信息:货种的类别,如品名、包装、件重等;流向的区分,如起运港、发货人、收货人等;货物性质特点、货流量的流动性等,这就使装卸工艺过程复杂化。货流是以车流、船流的形式输入的,于是输入增加了车型、船型及其运行规律等新的层次。不仅如此,一般外贸出口货物,一艘船装 300~400 票货物,这些货物来自经济腹地分属的各个公司、分公司。铁路系统装车、配车涉及沿线 1 000 多个站点,每一票货物若只计算其品名、重量、件数、容积、包装等五项信息,货物信息量达 1 500~2 000 项之多,若加上铁路站点、各个公司、分公司以及收货人、货物运输、装卸的要求等,信息量又成倍增加。如此广大的腹地范围,星罗棋布的站点,每一个地方产生一个干扰的因素,就会使整个系统的干扰频率大大增加。可见,港口生产是在大量信息输入、多层次的干扰状态下进行的。

第二,多重的约束条件。外贸进口货物,一般由外轮代理公司承担船方或货方一切业务活动。但是,在船舶入港前必须进行联检,即海事局、船舶检验、海关等进行联合检查,执行国家的各种法规。经联检后才开始组织由铁路、外贸、港口、代理公司等部门参加安排作业计划,履行其职责。货物卸下之后组织装车作业,一方面,要考虑每昼夜提供的车辆情况;另一方面,要考虑到站的接卸能力。此外,自然因素对港口生产的影响又构成一层约束,如潮汐对船舶吃水的限制,风、雨、雷对装卸作业的限制等。总之,港口生产是在多重约束条件下进行的。

第三,多环节的复杂作业过程。装卸作业进行时,需要把车、船、货、机车、拖船、汽车、人力、装卸机械、工属具等多环节组织成一个完整的有节奏性动作的系统,而且这一系统与相关的许多装卸作业子系统、辅助性生产系统、服务性生产系统相互交叉、相互关联,形成纵横交错的网络。而每一个工艺过程还由若干个操作过程组成。这就使港口的生产过程比一般工业产品的生产过程复杂得多,而且工艺过程、操作过程随着车、船类型,作业场所,货物类别的变化而变化。

第四,生产过程的随机性特征。港口生产在许多方面表现出依赖于时间参数的一组随机变量的动态过程,这一过程既能显示生产的某些规律性,又能反映出生产过程的复杂性,例如:船舶到达规律,除了班轮之外的不定期船的到达特征;火车车流的密度;每班次船舶作业舱口数的变化;机械的出机动态以及临时故障频率等。随机性的特征既影响计划的精确性,又增加了生产组织与指挥的难度。因此,对港口生产中随机过程的研究,将对港口生产过程规律性的认识有重要的价值。

第二节 ◉ 港口装卸工艺概述

一、什么是港口装卸工艺

港口装卸工艺是指按照一定的劳动组织形式,运用装卸机械及其配套工具(或称机械化系统)等物质手段,遵照规定的技术标准和规范,完成货物在不同运输方式之间的换装作业过程。

研究货物换装过程和规律的科学是装卸工艺学,装卸工艺过程所要解决的问题是运量需求与港口能力的矛盾即装卸工艺对货物装卸数量的影响;社会耗费与社会效益的矛盾即港口的服务质量及经济效果。评价装卸工艺的基本参数为数量、质量、成本等指标,工艺的目标是提高劳动生产率及降低成本消耗,装卸工艺的实现依赖于机械化系统。

针对港口服务的货物的分类,港口装卸工艺包括:集装箱装卸工艺、件杂货装卸工艺、重大件装卸工艺、干散货装卸工艺、液体散货装卸工艺、滚装工艺等。

二、港口装卸工艺的主要内容

港口装卸工艺的主要内容包括:操作方法、作业技术、生产组织。从狭义的观点看,港口作业技术标准图是港口装卸工艺内容的具体体现;从广义的观点看,以港口装卸机械系统为主体,由泊位、库场、疏运、搬运系统所构成的港口通过能力,就构成了系统或者全港的综合工艺过程。

操作方法是指货物在具体的操作过程中所采用的作业手段,包括:吊装方法、加固方法、拆码组方法、水平搬运方法、堆装作业方法、运用的机械与工属具、每一作业环节中的作业方法等。

作业技术是指装卸作业过程中的技术标准和规范,包括:货物的堆码标准、装车标准、码舱标准、机械的运用范围、工属具的使用标准、船舶的配载技术等。

生产组织是指维护工艺纪律的技术组织措施,包括:配工人数、配机械台数、工属具的种类和数量等。

三、换装作业及其组成

(一)装卸工艺过程

换装作业是港口最主要的生产作业形式,它是指货物从进港到离港在港口所进行的全部作业的总和,换装作业即装卸工艺过程,是指货物从一种运输工具换装到另一种运输工具所完成的换装作业过程,它是由一个或者一个以上的操作过程所组成的,包括:车—库(场)—船、船—驳、船—车、车—库(场)—车—船、车—船、船—船(海船、江船、驳船)。

装卸工艺过程中各作业工序的连续为工艺流程。工艺过程的基本要素是货物、工艺设备、能源、控制等。工艺过程是货物在港口的换装作业,反映出港口对社会的贡献,可以用吞吐量及自然吨考量。

(二)操作过程

操作过程是指根据一定的装卸工艺在船、车、库之间完成一次完整的搬运作业的过程,它是港口基本的装卸搬运活动。其位移工作量的大小用操作量表示,单位是操作吨。操作量反映的是为了完成货物在港口的换装位移港口实际劳动的付出,因此用它来计算劳动生产率、工日效率等指标。港内货物操作过程可归结为以下几种:船—船;船—车、驳;船—库(场);车、驳—库(场);车、驳—车、驳;库、场—库(场)。

货物在港口堆存期间,根据需要也可能进行库、场之间的搬运,这一类作业也应视为一个单独的操作过程。同一库(场)内的倒垛、转堆属库、场整理性质,与翻舱、散货的拆、倒、灌、绞包、摊晒货物等装卸辅助作业,均不计为操作过程。

为了能较正确地反映装卸作业实现机械化的情况,又可将一个操作过程划分为若干个工序。工序的划分主要是为了反映装卸作业的机械化程度,因此随着港口装卸作业机械化程度的变化,工序的划分也会有所变动。

(三)作业工序

作业工序是组成工艺流程的基本作业,是操作过程的基本单位,是港口装卸作业的基本生产环节。其定义为一个工人在一个工作地段对一个(或几个)劳动对象完成的一切连续动作的总和;或者是一定数量的工人在一个工作地段对货物完成的局部位移。

港口生产作业中的主要工序有:

(1)舱底作业工序:包括装船和卸船时在舱内的摘挂钩、拆码货组、拆码垛及平舱、清舱等全部作业。(2)起落舱作业工序:包括装船和卸船时船舱到岸、岸到船舱、船舱到车辆、车辆到船舱以及船舱到船舱的作业。(3)搬运作业工序:包括码头、库(场)、车辆之间的搬运作业。(4)车内作业工序:包括装卸车时的上、下搬动,拆码货组,车内的拆码垛作业。(5)库内作业工序:包括库场内的拆码垛、拆码货组、供喂料作业。(6)上下楼坡作业工序:包括高层仓库楼层间的垂直运送。在既定的工序中,完成一吨货物的操作,即计算为一个工序吨,使用机械的为机械操作工序吨;使用人力的为人力操作工序吨。

港口的各货种码头一旦按照建设程序完成并投入营运,其装卸机械化系统已经配置完成,作业线效率既定,在实际生产中能否高效作业关键在于各工序之间的衔接。工序效率的高低决定了作业线的效率,工序效率的高低与工属具的科学、合理使用密切相关,而且工属具不仅可以保证、提高码头作业线的效率,从港口物流的角度看工属具还可以提高物流链上货物的运达速度,这个理念非常重要。如国外货主在交付钢管时,同时配备保证钢管在运输环节高效换装的工属具,以提高该货物的运达速度。

(四)直接换装与间接换装

港口换装作业一般有两种形式。一种形式是货物先从船上卸入库(场)经过短期堆存,再由库(场)装上车辆(或船舶),或者按相反程序,这种形式一般简称为间接换装工艺。另一种形式是货物由船上卸下直接装上车辆(或船舶),不再进入库(场),或者按相反程序,这种形式简称为直接换装工艺,或称直取作业。

在后一种情况下,货物在港口的换装作业是由一个操作过程组成的。而在前一种情况下,货物在港口的换装作业是由两个(或两个以上)操作过程组成的。

采用直接换装,可以减少操作次数,简化作业环节,减少货物换装所耗费的人力和物力,缩短货物在港滞留时间,并且可以减少码头的陆域面积。从这些方面看,理应要减少进入库(场)货物的数量,增加直取比重。但是,采用直取作业时,由于运载工具到港密度和时间的不平衡,往往造成车船在港停留时间的延长。由于受码头前沿场地的限制,即使车船作业能够衔接,装卸效率往往也难以提高。采用间接换装,由于有库(场)作为换装作业的缓冲,因此,可以弥补各装卸作业环节产生的不平衡。

因此,究竟采取间接换装工艺还是直接换装工艺要根据具体情况确定。但从目前趋势看,大型专业化码头的生产均采用间接换装工艺作业方式,以减少车、船在港等待时间,提高作业效率。

第三节 ◉ 港口企业生产要素的构成

一、港口企业生产要素的内涵及种类

生产要素一般包括自然资源、资本、劳动力、管理、技术和信息。生产要素与经济活动过程息息相关。在市场经济条件下,生产要素不仅参与经济活动的生产环节,而且参与流通和分配环节,因此可以说,生产要素直接参与交易和分配是市场经济的根本特征。经济活动的实质就是以最小的生产要素消耗,取得最大的收益。单一的生产要素不可能形成生产力,只有各种生产要素相互组合,才能形成现实的生产活动。生产要素在生产组合过程中呈现出不可分离性、作用非均衡性、部分可替代性、比例变动性等特点。生产要素在生产过程中的数量和质量、量变和质变、组合状态和比例、配置方式和效率,影响和改变着整个社会生产的过程和结果。对生产要素进行系统研究,不仅是转变经济体制的需要,也是提高资源配置效率、转变经济增长方式的需要。

(一) 生产要素的内涵

物质资料生产是一个社会赖以存在和发展的基础,进行物质资料生产的一个基本前提,就是必须具备一定的有形或无形投入。这些必须投入的有形或无形因素,就是生产要素,也即进行物质资料生产所必须具备的各种生产要素的基本因素或条件。各种生产要素的积聚、优化、组合,是物质资料生产得以顺利实现的必要前提。因此从一定意义上说,经济就是生产要素的合理投入和创造产出的过程。经济活动的目的就是通过对各种生产要素的合理配置,以较少的投入获得较多的、能满足人们需要的产出。

根据经济学的稀缺规律,一切用于经济增长的资源(即各种要素)都是有限的和稀缺的,因此必须提高资源的配置效率即生产要素的使用效率,做到对生产要素的节约。

Economy(经济)一词在英语中的原意主要是节约、节俭的意思,即"avoidance of waste of money,strength on anything else of value"(意思是"避免资金、体力或任何其他有价值的东西的浪费"),因此我们认为,从生产要素的角度来说,经济(Economy)活动的实质就是对生产要素的节约。

在经济发展的不同历史阶段,生产要素对物质资料生产的参与程度不同,其作用及对要素配置的效果也不一样,并形成了不同的经济体制。在以自给自足为特征的自然经济条件下,生产要素只参与产品的生产过程,生产出来的产品只是用以满足生产者自身生产、消费的需要,不能进行流通和交换,生产要素的配置效率(即投入产出比或效益)也就无法以商品交换价格或利润的量化形式表现出来,所以生产者在使用生产要素时实际上很难以效益最大化为主要目标,由于其生产技术和条件的限制,生产要素配置效率也较低;在以商品交换为特征的商品经济条件下,生产要素参与商品的生产过程并通过商品交换间接参与流通过程,生产者为了获取最大利润,就要合理配置各种要素,使生产要素的使用效率大大提高;在市场经济条件下,生产要素不但参与生产环节,而且直接参与流通和交换环节,并享有分配的权利,从而激励各要素所有者节约使用其拥有的生产要素,使要素配置效率最大化,因此从某种意义上可以说,生产要素直接参与流通和分配是市场经济的基本特征,市场经济就是以市场为基本手段对生产要素进行合理配置并使生产要素直接参与生产、流通和分配全过程的经济体制。

(二)生产要素的种类

关于生产要素的种类,国内外经济学界有不同的说法,其内容也不尽相同。中国有些经济学家根据马克思对生产力和生产关系的分析,认为生产要素(称为生产力因素)包括劳动者、劳动资料和劳动对象。其中,劳动者是指正在或能够在生产力系统运行过程中发挥劳动功能的人;劳动资料包括生产工具、能源设施和基础设施;劳动对象可分为天然存在的劳动对象和经过人类加工过的劳动对象,具体包括自然物(如土地)、原料和材料等。另外,随着经济的进步和经济理论的发展,科学技术、管理和信息也逐渐被列入生产要素的内容。

二、港口企业生产要素的构成

现代港口生产力系统是由许多要素构成的,其中主要有:劳动者、生产工具、能源及动力设施、基础设施、科学技术、生产信息、资金、教育、生产管理和劳动对象等因素。

(一)劳动者

劳动者是港口生产力系统中的一个基本要素。港口生产力因素的劳动者是指在生产力系统运行过程中有能力或正在发挥劳动功能的人。在现代生产力条件下,港口劳动者应是具有一定的生产经验、科学知识和劳动技能,操纵生产工具或其他技术手段,直接或间接地进行货物装卸作业及其相关生产活动的人。

(二)生产工具

港口生产力系统的劳动手段是以装卸机械化系统为主体的主机、辅机、工属具。如装卸船机械、装卸车机械、库(场)作业机械、水平搬运机械等。

装卸机械化系统及其配套的工属具是港口进行装卸生产的主体。人的劳动则是操纵、控制机械化系统并通过它把人的劳动功能转移给机械化系统，完成货物的换装位移。

(三)能源及动力设施

为生产和生活提供能量和动力的资源称为能源。能源是港口装卸机械化系统的原动力，没有这种动力的推动，机械化系统就不能够运行，也就不能够做功。能源及动力设施在现代化的大工业生产中已成为生产力系统中不可缺少的生产要素。

(四)基础设施

为港口生产过程提供一般性的共同条件的设施，称为基础设施。港口的基础设施可分为生产性基础设施和社会性基础设施。生产性基础设施包括水域及配套设施：锚地、航道、港池等；陆域及配套设施：码头、库(场)、铁路等；通信、导航系统等。这些基础设施为港口生产力系统的运行直接提供生产条件。社会性基础设施包括为生产力系统的运行间接提供条件的同劳动力再生产有关的住宅、医院、商店以及其他公用设施(如消防、海关、海事等)和服务设施(如引航、船舶供应、海员服务等)。同生产工具和能源设施比较起来，基础设施虽然不如它们活跃，但它却是其他因素存在、运动和发挥作用的基础，成为港口生产力系统中一个独立存在的要素。

(五)科学技术

港口生产力系统的科学技术是非实体的渗透性因素，它通过两个"物化"发挥自身的特殊作用。"物化"在生产资料上，改善其技术装备的素质，提高其功能与效率；"物化"在劳动者身上、改善劳动者的素质，提高劳动与创造功能。

(六)生产信息

生产信息在生产力系统中的作用主要有两个方面：一是消除不确定性，使生产力诸因素得以组合为系统；二是沟通生产力系统同外界环境(自然、社会、经济)的联系，使生产力系统顺利进行。

生产信息仅是经济信息的一种。生产信息是生产力要素的新成员，应以新的观点和敏感性认识它、抓住它并利用它，尤其是在生产力水平较发达的市场经济条件下，信息对生产力系统的作用更为突出。

(七)资金

资金一直是生产力的要素，无论过去、现在和未来，资金的存在是客观的。港口与航运企业都被确定为资本密集型企业，构成这类企业的生产力系统，首先需要有大量的资金投入。资金在生产力系统中不是实体性因素，而是附着在实体性因素上或其他因素上。

(八)教育

教育是人类有目的的自觉的培训活动。教育的广义概念应包括德育、智育、体育、美育等方面对人类发展进行有计划、有步骤的开发活动。教育的作用在于将知识形态的生产力因素(科学、软件技术)代代相传，由此及彼地扩散开来，在时间和空间上结合起来，提高劳动者素质，提高整个生产力水平。同劳动力的再生产直接相联系的智育和体育，即向一定对象传授知识和技能以发展其智力和体力的活动，才是生产力的因素。

（九）生产管理

生产管理是生产力系统最高层次上的因素。港口生产管理包括港口生产力的结构设计、规模选择、布局决策、时序安排以及港区分工、现场生产组织与指挥等方面。只有这些方面都妥善地解决了，所有各生产力因素才能进入实际的运行。

（十）劳动对象

港口生产力系统的劳动对象是货物，这是一种特殊的劳动对象。因为这种劳动对象既有自然物，又有经过加工的材料、半成品，甚至是最终产品。而在港口生产过程中通过装卸机械化系统对它们的"加工"，均不能改变其物理形状、性能，更不能改变其化学性质、分子结构，只是改变其运输方式，实现空间位移，而且港口只完成其位移的一部分，即车辆、船舶、管道、航空等不同运输方式之间的换装。换装过程即港口的生产过程，这样，港口生产的产品就不能脱离生产过程而独立存在。显然，港口生产力系统中如果没有货物的存在，则系统就是在空转，所以，货物是港口生产力系统的要素，而且正是由它决定了装卸机械化系统的功能。

第四节 ◉ 装卸机械系统

一、装卸机械系统及其分类

装卸机械系统是组成工艺过程的设备总体。港口装卸机械系统包括起重机系统、输送机系统、起重-输送系统、气力输送系统、管道输送系统等。装卸机械系统的命名一般是根据装卸船的主机来确定，起重机系统较多地用于件杂货装卸作业，输送机系统主要用于散货作业，起重-输送系统比较典型的是用于我国大吨位的深水矿石码头（如青岛港集团20万吨级矿石码头、大连港集团25万吨级矿石码头）及煤炭码头，气力输送系统主要用于散粮卸船，管道输送系统用于液体散货港口作业。

装卸机械系统的选择是装卸工艺的核心，货物、运输工具、自然条件、港口建筑物及其设施、其他因素等是影响选择机械系统的主要因素。货物的种类、运量、流向；机械设备的类型；来港运输工具的种类、构造、尺度、性能；作业环境如码头、泊位、库场、水域等，这些因素实现工艺过程的多方案性。

二、港口装卸机械的发展趋势

（一）自动化和智能化

自动化和智能化技术是集机电一体的高新技术。目前，可编程控制器或可编程逻辑控制器以其机械自动化程度和可靠性高、较强的通信功能、控制器体积小、价格低而被大型港口装卸机械较普遍的采用。今后正向开放式功能更强的技术发展，为实现更多的自动控制功能和实现控制智能化提供支持。自动化和智能化技术，计算机支持下的协同工作将在港口中普遍应用。如国外一些集装箱专用码头的装卸过程已实现全自动控制,一些大的港口正向着现场作业无人化发展,自动化和智能化以其安全、准确、高效、高技术含量在未来港口物流中将会发挥巨大的作用。

(二)大型化和高效化

集装箱运输及大型机械设备运输市场的不断扩大,要求港口配置大型的装卸机械。规模庞大的新型、高效岸边集装箱起重机在对超巴拿马型集装箱船作业中的成功应用,及大型桥式抓斗卸船机、大型连续式散货卸船机在大型海港码头的应用,让我们看到了未来港口的大型化、高效化的发展趋势。如青岛港的矿石码头拥有国内最先进的卸船机 4 台,额定效率为 3 500 t/h,带斗门机 3 台,单机效率为 10 000 t/天。单机堆料能力 10 500 t/h 和取料能力 6 000 t/h 的多功能堆取料机 7 台和单机装车效率 2 500 t 的装车机 4 台,均采用国内最先进的计算机管理系统,可满足 5~40 万吨级大型散货船舶的作业能力需要。

(三)专业化和多用化

为提高装卸效率,各国港口为适应各货种流向和船型的需要,建造了越来越多的专业化码头。如煤炭、油品、集装箱、矿石等货类专用码头,并配备了与之适应的专业化设备;为适应生产布局的不断变化和货种、货流不稳定等状况,出现了要求建造多用途码头的趋势,于是要求有与之相匹配的装卸机械。

(四)标准化和系列化

为提高港口机械制造水平,降低生产成本,方便维修和保养,港口装卸机械生产正向标准化、系列化方向发展。如我国岸边集装箱起重机是发展速度最快、技术水平最高、出口最多的港机产品,目前已成系列。

(五)环保化

随着人类社会的不断进步,不论是发达国家,还是发展中国家都越来越重视环保问题,环保型装卸机械越来越受到人们的青睐,"绿色"已成为港口机械发展的潮流。如比利时公司生产的气力式卸船机,其涡轮式的鼓风机采用了最新的船空技术,能耗低,噪声小,再配以完善的隔音降噪措施,在整机 1 m 内测试,噪声等级为 68 dB;集装箱堆场上的轮胎式龙门起重机的"油改电"技术;智慧港口所带来的节能环保等。

第五节 ◉ 港口装卸工艺的性质与作用

一、装卸工艺学的性质及特点

(一)装卸工艺学的性质

装卸工艺学是研究货物换装过程与规律的科学,是应用技术科学和部门经济学的综合性学科。体现设计的性质,在港口,装卸工艺工作主要包括两个方面,即港口日常装卸工艺工作和港口装卸工艺设计工作。

1.港口日常装卸工艺工作

这一工作是以港口现有的工艺系统与装卸设备为基础,通过技术创新和有效的组织,合理运用现有的人力、物力,以达到安全、优质、高效、低消耗来完成港口装卸任务的目的。这是属于港口内涵式的扩大生产能力的工作,具体包括:

(1)工属具的改进和创新。包括对现有装卸工属具进行研究、分析、设计、试验、定型等工作,目的是充分利用装卸地的生产能力。

(2)装卸工艺线的再设计。港口装卸的基本工艺流程往往在设计时已经确定,但在实际使用中会发现工艺流程有许多可以进一步改进和完善之处;另外,港口装卸往往是小批量,甚至是单件生产,在装卸中会不断遇到新的货种。所以还要不断地为新的货种制订装卸工艺方案,以适应货物装卸的需要。

(3)作业线改进。装卸工艺人员必须深入现场,密切与装卸工组联系,通过对同一装卸线在不同条件下(如不同工组、各环节不同的配合方式等)的效果进行分析与比较,总结先进经验,找出存在的问题,并组织先进经验的推广,提出改进建议。因此,装卸工艺工作人员不但要熟悉装卸工艺,而且还要有敏锐的观察能力、分析与总结能力。

(4)工程心理学研究。运用工程心理学的观点研究工作环境对工人体力及心理的影响,并研究对策,以达到减少疲劳,提高工作效率的目的。大连港就曾经研究过机械外表色泽对人的影响,选择使人感到舒适的颜色,提高了机械驾驶员工作效率。这是装卸工艺工作中较新的一个领域。

(5)装卸作业技术标准的制订与修改。装卸作业技术标准,有的港口叫"装卸工艺规程"或"工艺卡"。这是按不同货类与操作过程制订计划和生产调度部门组织生产的依据,制定与修改装卸作业技术标准应该是港口工艺工作人员的经常性工作。

除此之外,港口日常工艺管理工作还包括货物在运输工具与库场内的堆码方式、各种辅助作业的完成方法等。

评价港口日常装卸工艺工作主要可从以下几个方面进行:安全质量、环境保护、作业线装卸效率、机械设备及劳动力的利用、各生产环节之间的协调、劳动强度、经济效益。

2.港口装卸工艺设计工作

港口装卸工艺设计属于外延的扩大再生产范畴,是港口工程设计的一个重要组成部分。装卸工艺设计往往对港口工程设计的其他环节提出设计要求,对整个设计起到总揽全局的约束作用。

装卸工艺设计是港口规划发展中的主要决策内容之一。在设计装卸工艺方案时,必须根据货物的种类、流向、流量、包装、理化性质等因素,以及车型、船型、码头形式、港口的自然条件、运输组织等方面的具体情况,拟订一系列可供比较的、有价值的方案,并经过详尽的分析和比较,找出一个较为合理而且可行的方案。

一个港口装卸工艺方案的决策必须经过上述几个过程。一个成熟、合理、可行的工艺方案的产生,必须经过反复修正与比较,使所选出的方案完善合理。如果工艺方案决策错误,即使港口具体工作做得再多再好,企业也是难以取得成效的。计算机仿真技术的应用使装卸工艺方案的选择过程更为科学。

从上述两个方面内容可知,港口装卸工艺设计工作主要涉及以下几个方面的内容:

(1)装卸机械设备类型的选择和吊货工属具的设计；

(2)工艺流程的合理化；

(3)货物在运输工具和库场上的合理配置和堆码；

(4)驾驶员和工人的先进操作方法；

(5)工艺规程的制定和修改。

(二)装卸工艺学的特点

(1)应用和研究:研究货物换装过程和规律的科学,研究的目的全在于应用——解决港口生产的实际。(2)综合性:装卸工艺学是技术、经济、管理的综合,它把现代科学技术综合运用于交通运输系统。(3)研究、设计、实践、理论的不可分割性:装卸工艺方案设计的合理性要经过港口实践的验证,实践中遇到的问题要用相关的理论、方法加以解决。

二、港口装卸工艺的作用

运输业所从事的是物质在空间上的位移,其产品是为了完成货物的空间位移所提供的服务。

所谓工艺,是指社会生产中改变劳动对象所采取的方法,是达到目标的一种手段,工艺的效用是在整个生产过程中发挥的。在制造业中指的是加工方法。在港口企业中,港口装卸工艺是指在港口实现货物从一种运载工具转移到另一种运载工具的空间位移的方法和程序。

由于运输生产的任务是物质在空间位置上的移动,并不产生新的产品,因此,在某种意义上说,港口装卸工艺在港口生产中所起的作用更为突出。港口装卸劳动生产率的提高在很大程度上要取决于港口装卸工艺的现代化水平。

港口的主要任务是货物装卸和储存。对港口来说,装卸工艺即是港口的生产方法。研究装卸工艺,就是分析和改进装卸方法,使通过港口的物流更经济、更合理,从而达到安全、优质、高效、低成本地完成装卸任务的目的。

装卸工艺是港口生产的基础,属于工业工程的范畴。工业工程学着重研究以生产流水线为中心的整个企业的现场管理,其追求的目标在于杜绝生产中的一切浪费、提高劳动生产率、降低成本。正因为如此,加强科学管理必须从工艺管理抓起。由于工艺对货物装卸、堆存提出了安全、质量、效率、经济的全方位的要求,因此实现工艺规范化既是现场管理的基本要求,又是文明生产的主要内容。

装卸工艺分析和劳动定额、激励制度等结合起来,又是劳动管理的重要内容。先进的装卸工艺,先进合理的劳动定额,能激发工人劳动热情的激励制度,这三者的有机结合是提高劳动生产率的重要手段。劳动定额必须在先进的装卸工艺基础上制定,而先进的装卸工艺只能通过合理的劳动定额和能激发工人劳动热情的工资制度得以巩固和提高。

装卸工艺现代化是港口现代化的关键,是提高劳动生产率和内涵扩大再生产的主要手段。因此改进装卸工艺往往是港口挖潜、革新、改造的主要目标。

作为研究方法合理化的装卸工艺既是一门技术性学科,又是一门艺术性学科,它与组织及经济密切相关,甚至在某些方面工艺本身就包含着组织和经济的因素。例如,工艺合理化的重要原则之一,是作业线各环节的生产率要相互协调。而要实现这个原则,必然要考虑各环节的配工和配机问题,这也就是包含了生产组织的因素。又如,工艺方案总是要和一定的经济指标相联系的,根据这些经济指标,才可以从许多方案中筛选出最优的。可见,经济又是与装卸工艺紧密联系在一起的。

本章小结

港口的主要任务是货物装卸和储存。对港口来说,装卸工艺即是港口的生产方法。研究装卸工艺,就是分析和改进装卸方法,使通过港口的物流更经济、更合理,从而达到安全、优质、高效、低成本地完成装卸任务的目的。港口的产品是为了完成货物在港口的换装位移所提供的服务。货物是港口生产力系统的要素,而且正是由它决定了装卸机械系统的功能。港口装卸工艺的实现依赖于装卸机械系统,机械系统效率的发挥关键在于各工序之间的衔接,工序效率的高低决定了作业线的效率,工序效率的高低与工属具的科学、合理使用密切相关,而且工属具不仅可以保证、提高码头作业线的效率,从港口物流的角度看工属具还可以提高物流链上货物的运达速度。

思考题

1.什么是港口?港口具有哪些功能?港口生产的基本过程及主要特征是什么?

2.什么是港口装卸工艺?其主要内容是什么?装卸工艺过程、操作过程、工艺流程、工序、直接换装、间接换装的概念及各概念之间的关系是什么?

3.试述港口企业生产要素的构成。

4.什么是装卸机械系统?请对港口装卸机械的发展趋势做出分析。

5.试述港口装卸工艺的性质及作用。

第二章
件杂货码头装卸工艺

🌏 **学习目标**

通过本章的学习,应该能够:

1.描述件杂货的分类及其特性;

2.了解件杂货码头的泊位及库场;

3.了解装卸工属具的使用;

4.熟知件杂货装卸机械系统;

5.掌握件杂货码头装卸工艺。

👷 **问题提出**

什么是件杂货?件杂货对装卸、运输、保管的要求有哪些?件杂货运输的发展趋势是什么?目前仍然保留这种运输、装卸方式的主要件杂货有哪些?件杂货换装应具备的码头资源是什么?适合该货种换装的装卸机械系统是什么?件杂货装卸工艺系统有哪些?

第一节 ◎ 件杂货的分类及其特性

一、件杂货的分类

件杂货通常是指单件运输和保管的货物(General Cargo)。由于件杂货的外形及其包装形式多而杂,所以又被称为杂货。关于件杂货的分类可从港口装卸作业的角度及货物特性两个方面研究。从港口作业的角度件杂货分成袋装货物、捆装货物、箱装货物、桶装货物、筐装及罐装货物、其他货物,其货种包装形式、货种内容及特性说明见表2-1。从货物特性的角度件杂货可分为稳定性货物、半稳定性货物、易变质货物、危险性货物,其特性及货种内容见表2-2。

表2-1　件杂货分类(装卸)

货种包装形式	货种内容	特性说明
袋装货物	粮食、糖、盐、水泥、化学肥料、纯碱、化工原料等	每一种包装规格统一、不易破损、怕潮湿
捆装货物	棉花、布匹、纤维、纸张、毛皮、棉纱、草席、麻包	怕潮湿,但不怕摔、体积较大
箱装货物	日用百货、瓶装酒、罐头、药品、玻璃制品	怕摔、易损
桶装货物	植物油、酒、化工原料、蜂蜜、汽油、机油、柴油等	体积多为圆柱形
筐装、罐装货物	咸菜、酱油、蔬菜、酒类、蛋类、玻璃瓶、药材	形状体积不同、容易破损
其他货物	五金钢材、生铁、机械设备、木材、汽车	一般无包装、重量较大、外形不一

目前,表2-1的很多件杂货是用集装箱运输(尤其是箱装、筐装、罐装货物),但仍有许多件杂货依然保留其运输方式。

表2-2　件杂货分类(特性)

特性		货种内容
稳定性货物		日用百货、钢铁、五金、机械
半稳定性货物		粮食、种子、食品、药品
易变质货物		蔬菜、水果、冷藏货
危险性货物	爆炸性	炸药、雷管、液化气体
	易燃性	汽油、棉、麻、烟、糖
	有毒性及腐蚀性	农药、化肥、酸类、碱类

目前,大多数件杂货都通过集装箱完成运输,所以说件杂货运输的发展方向是成组化、集装箱化,但是有些件杂货是不适宜用集装箱来运输的,所以件杂货这种运输方式一直延续至今,无法被集装箱运输完全取代。

二、件杂货装卸、运输、保管的特性

(1)件杂货的批量少、分票多、包装形式多种多样。

(2)大部分货物都要经过仓库的储存、理货、打印标记、甚至改换包装等作业环节。

(3)件杂货的流向,在大多数情况下是双向的,既有进口又有出口,要求装卸机械化系统满足装卸的可逆性。

(4)件杂货的种类、流向、流量具有季节性波动的特征,因此要求装卸机械化系统以及库场具有通用的性能。

(5)件杂货的物理性质、化学性质各不相同。因此在堆存保管、配载配装过程中要充分研究货物的互抵性,以保证货物的运输质量。

(6)件杂货中的轻泡货物与重货对运输工具的载货容积、载重能力利用程度不同,要考虑轻重搭配的可能性,以提高运输工具的承载能力。

（7）件杂货的包装特性，有软有硬，装卸作业选择合适的工属具或承载装置，有助于保证货物在吊运过程中避免因为受力异常造成货物或包装的破损。

（8）为保持货物堆码、装舱的层次，应按批量、标志完成衬垫、分票、隔离。并应按货物的注意标志堆码。

三、件杂货装卸、运输、储存的成组化

（一）成组化装卸、运输、堆码的优越性

（1）减少操作次数，提高货运质量；（2）减轻劳动强度，提高装卸效率；（3）加速车、船周转，提高运输效率；（4）提高堆存高度，扩大库场能力。

（二）成组化运输的条件

（1）包装标准化是运输成组化的前提；（2）承载装置的选型、标准化和系列化；（3）成组工具的投资和经济效益分摊问题；（4）需要建立一套科学的管理制度。

第二节 ◉ 件杂货码头概述

一、件杂货码头及其泊位

（一）传统的件杂货码头

传统的件杂货码头是凸堤式布局。件杂货码头是为件杂货船的换装作业服务的，载运各种包装或成件货物的运输船舶是杂货船，其应用广泛，在世界商船队中吨位总数居首位。在内陆水域中航行的杂货船吨位有数百吨、上千吨，而在远洋运输中的杂货船可达2万吨以上。远洋运输要求杂货船有良好的经济性和安全性，而不必追求高速。杂货船通常根据货源具体情况及货运需要航行于各港口，设有固定的船期和航线。杂货船船体以上设有2~3层甲板，并设置几个货舱，舱口以水密舱盖封盖住以免进水。机舱或布置在中部或布置在尾部，各有利弊，布置在中部可调整船体纵倾，在后部则有利于载货空间的布置。在舱口两侧设有吊货扒杆。为装卸重大件，通常还装备重型吊杆。为提高杂货船对各种货物运输的良好适应性，能载运大件货、集装箱、件杂货，以及某些散货，现代新建杂货船常设计成多用途船。

（二）多用途杂货码头

近年来，随着集装箱船及各类专用船的发展，杂货船的发展速度缓慢，船舶吨位基本在5万吨级以下，并且向多用途方向发展。世界杂货船队主要为小型船舶，5 000 t以下船舶为8 229艘，占整个杂货船队的49.7%；2.5万吨以上船舶仅为461艘，运力为1 691万载重吨，分别占整个杂货船队总艘次和总载重吨位的2.8%、17.4%。新船订单同样显示此趋势，整个杂货船队的结构不会有太大的变化。2016年，世界杂货船新船订单量为110艘，83万载重吨；2017年，为107艘，57万载重吨。截至2020年年底，世界商船队中杂货船数量为15 477艘，多用途船3 158艘。

为满足多用途船换装作业的需求,多用途杂货码头的装卸机械系统的选择要考虑能够装卸重大件、集装箱、件杂货等。

(三) 到港典型船型

件杂货码头设计的主要依据是到港典型船型,表 2-3 为到港典型船型及主尺度表。

表 2-3　到港典型船型及主尺度表

船型	船舶等级 (DWT)	船型主尺度(m)			备注
		总长	型宽	满载吃水	
杂货船	40 000	198	32.3	18.2	远洋
	30 000	181	27.6	11.0	远洋
	20 000	166	24.7	10.2	沿海、近洋
	10 000	150	22.2	8.8	沿海
	5 000	125	18.5	7.4	

二、件杂货仓库和堆场

(一) 库场应满足的基本营运技术要求

(1)库场要有足够的容量和能力,满足泊位通过能力对库场的需要。(2)库(场)要有方便的铁路、公路,利于货物的集散。(3)库(场)与泊位、铁路、公路的相对位置应该合理,保证装卸工艺流程的合理性、经济性。(4)仓库的构造与设备必须适应货物特性的保管要求,保证货物的完整无损;满足防火、防潮、通风等多项要求。(5)库(场)应配备完善的设备,便于货物的收、发、搬运、查询、计量等多项作业;保证作业具有最高的机械化水平和满足车、船装卸速度的生产率。

(二) 库场的分类

(1)按货物保管条件划分:密闭仓库、货棚仓库、露天堆场;(2)按货类划分:普通件杂货仓库、冷冻库、保温库、危险品库、集装箱拆装库;(3)按在港区的位置划分:前方库场、后方仓库、堆场。

(三) 库场与泊位的相对位置

根据码头建设时征地的实际情况,库场与泊位的相对位置主要有以下形式:顺岸式——库(场)纵向轴线与码头岸线平行、垂直式——库(场)纵向轴线与码头岸线垂直、斜交式——库(场)纵向轴线与码头岸线斜交。

第三节 ◉ 件杂货装卸工属具

一、工属具的定义及作用

（一）装卸工属具的定义

装卸工属具是各种盛货、吊货、捆货搬运输送货物的工具以及各种辅助作业使用的工具等的总称。

（二）装卸工属具的作用

（1）工属具是起重机钩头与货物之间的连接手段，没有工属具、货物的吊运装卸以及水平搬运将难以实现。（2）工属具是货物的临时承载装置，尤其是实现成组装卸、成组运输、成组堆码的货板、网络，可以大大减少单件货物的操作次数，有利于保护货物及其包装。提高运输质量，降低劳动强度，提高装卸效率，实现工艺过程的机械化。（3）为充分利用起重机的起重能力，可以从设计上对装卸工属具的承载能力提出要求，以适应机械化系统配套的要求。（4）根据货物及其包装的特点设计制造出具有不同性能的工属具：货盘、网络、吊具、夹具、钩具及专用吊装工具等，以保证各类货物装卸、搬运作业中完整无损。

二、对装卸工属具的一般要求

装卸工属具设计要保证货物及其包装的完整无损；结构简单，完整无损；操作方便，适于吊装和搬运；强度牢固可靠，经久耐用；承载能力应与机械化系统中的机械负荷量相适应。

三、装卸工属具类别

种类繁多的吊货工属具大致可分为两类：通用工属具和专用工属具。

通用工属具是指适用于装卸多种货物的工属具，这种工属具较专用工属具的工作效率低，所耗费的人工劳动量也较大。件杂货码头常用的通用工属具主要有吊钩、吊索与网络、货板等。

专用工属具是指只适用于某种货物的工属具，这种工属具使用安全方便、省力省时、装卸效率高，但工属具的利用率较低。专用工属具的使用与装卸运输专业化的发展分不开。常见的专用工属具有油桶夹、钢板夹、成捆铝锭夹、卷筒纸夹具、卷钢板夹具和真空吸盘吊具等。

在件杂货的换装作业过程中装卸工属具的合理使用对作业线效率的提高至关重要，而且工属具不仅可以提高码头作业线的效率，从港口物流的角度看工属具还可以提高物流链上货物的运达速度。如国外货主在交付钢管时，同时配备保证钢管在运输环节高效换装的工属具，以提高该货物的运达速度。

第四节 ◉ 件杂货装卸机械系统

根据件杂货的装卸特点,件杂货装卸机械系统是由装卸船机械、水平运输机械和库(场)内机械、装卸车机械组成。

一、装卸船机械

件杂货的装卸船机械包括:船舶吊杆装置或船舶起重机、门座起重机、固定式起重机、龙门起重机、桥式起重机、移动式起重机(无轨轮胎式起重机)、浮式起重机、输送机及其他的装卸船机械。其中船舶吊杆装置或船舶起重机(简称船机)、门座起重机(简称门机)是最常用的设备,其他设备则根据码头的具体情况选用,如移动式起重机(无轨轮胎式起重机)用于多用途码头、浮式起重机用于水位差变化较大的码头。

门座起重机是件杂货码头最常用的主要岸机,其工作的特点是:起升高度大;臂幅大、工作区域大;使用灵活、定位性好;便于多台机联合作业。但造价较高,对码头结构强度要求较大。使用船舶吊杆进行船舶装卸作业的特点是装卸成本较低,但起货高度较低,工作幅度小,对码头水位的适应性差,也不适宜进行直接换装作业。同时船舶吊杆的起重量相对较小,不宜起吊成组的重量大的货组。

二、水平运输机械和库(场)内机械、装卸车机械

件杂货码头常用的水平运输机械主要有牵引车挂车(俗称拖头平车)、货车、蓄电池搬运车(也称电瓶车)和叉式装卸车(简称叉车)等。机械的选择主要依据水平运输距离的远近。

库(场)内堆拆垛和装卸车辆除了使用叉车外,还可以用各种流动起重机,如轮胎吊、汽车吊、履带式起重机和电吊等。其中轮胎式起重机具有机动性好、适用性强的特点,使用时不受轨道的限制,灵活机动,服务区域相对较大,既可用于码头前沿,又可作堆场机械使用,一机多用,机械利用率得到大大提升。

装卸车机械一般采用起重机或叉式装卸车。

第五节 ◉ 件杂货码头装卸工艺

件杂货运输和装卸是一种起始最早的传统运输装卸工艺,随着集装箱运输方式的发展,件杂货运输受到了很大的冲击,不少件杂货码头也已经改建成为集装箱码头,但这并不意味不需要件杂货这种运输方式,因为品种繁多的件杂货中还有一些不适箱货仍然采用件杂货运输。所以现代件杂货装卸工艺是在不断革新中生存和发展的。

一、件杂货装卸工艺布置

根据件杂货装卸机械系统的机械配置,典型的件杂货装卸工艺布置形式主要有船舶吊杆—流动运输机械系统的一线仓库形式、门座起重机—流动运输机械的一线堆场一线仓库形式。

(一)船舶吊杆—流动运输机械系统

1.布置形式

一线仓库。

2.布置要点

(1)前方作业地带宽度

采用船舶吊杆装卸作业时,件杂货码头前方作业地带的宽度,要满足码头前沿机械转弯半径的要求,还要考虑前方道路和前方仓库墙之间留出的距离,通常可取 20～30 m。前方作业地带的宽度可适当留有余地,但不宜大于 50 m。当件杂货码头采用多用途码头类型,码头前方作业地带的宽度应满足多种流动机械作业的要求,不宜小于40 m,如图 2-1 所示。

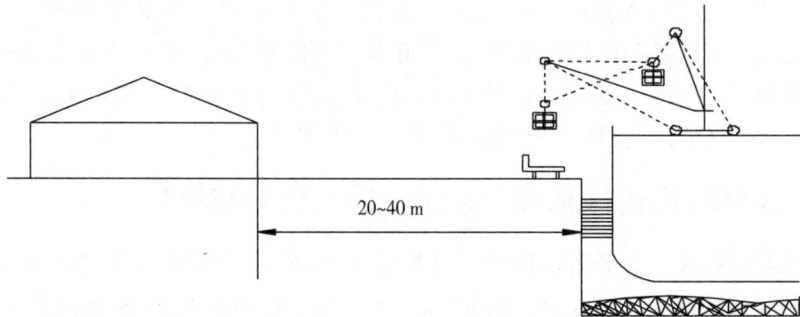

图 2-1　船舶吊杆一线仓库布置

(2)仓库的主要尺度

单层仓库的跨度不应小于 18 m,仓库门的净宽不应小于 4.2 m,净高不应小于 5 m。仓库的净高依据库内作业的机械类型和货物堆高及仓库类型确定。一般情况下,单层仓库和多层仓库的底层净高不应小于 6 m,多层仓库的楼层净高不应小于 5 m。如考虑库内机械的发展,仓库内净高还可适当提高。当仓库面积不足时,可考虑使用多层仓库。

(二)门座起重机—流动运输机械系统

1.布置形式

一线堆场一线仓库。

这是使用门座起重机的码头,码头前沿有一个堆场和一个仓库的布置形式,如图2-2所示。图中 A 为门座起重机的最大幅度。这种形式较适合于件杂货。其中,无包装的件杂货可进堆场,需要入库的有包装的货物可入库。

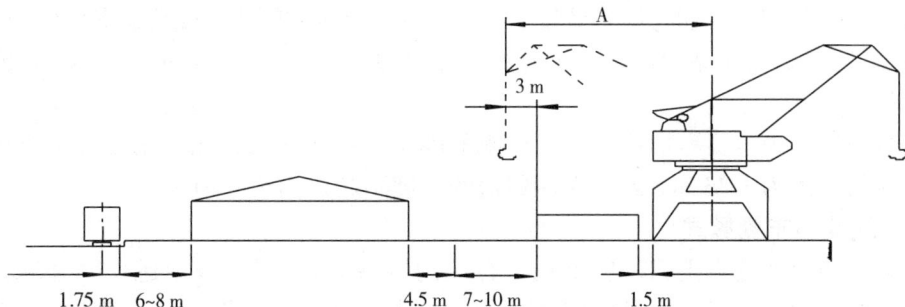

图 2-2　门座起重机一线堆场一线仓库布置

2.布置要点

(1)码头前沿与门座起重机海侧轨道中心线间距,此间距确定应保证起重机及其机上的附件不碰系船柱和船舶舷梯,起重机的旋转部分不碰船上的上层建筑物。一般可取 2.0~2.5 m。多用途码头考虑集装箱装卸作业,此间距不宜小于 3 m。

(2)起重机轨距

采用门座起重机装卸船舶时,门座起重机的轨距通常可取 10.5 m。

(3)一线堆场

一线堆场的布置主要是为了能充分发挥起重机臂幅大的优越性,可将货物从船上直接卸到起重机臂幅工作范围内的堆场上。一线堆场通常作为长大件货物的堆场,也可堆放周转快、可以堆高的货物。一线堆场的纵深主要取决于堆场的容量、门座起重机的幅度和布置、货种的堆放要求等因素。

(4)道路及其流动机械在库前的制动距离

码头前方道路:一种道路布置形式是道路安排在一线堆场的后边;另一种道路布置形式是将道路安排在门座起重机后轨与一线堆场之间。后一种布置形式中,码头前方道路与货物交接地带结合在一起,包括道路和货物交接地带的宽度,应根据车辆流通量等因素确定,一般为 7~10 m。

仓库与道路间的引道长度:当有流动机械进出库时,允许 4.5 m³ 汽车进出库,可取 6.0 m。

堆场后与仓库间距:在堆场后直接与仓库相邻,库门背向堆场的形式,此间距为 1.5 m。

门座起重机与流动机的货物交接地带:这一地带一般需要不小于 3.5 m 的纵深,以保证有一定的交接宽度。在一线堆场纵深需增加的情况下,可采用流动起重机接运的作业方式(图 2-3)。在图 2-3 中,A 为门座起重机最大幅度;B 为流动起重机使用负荷幅度;C 为流动起重机旋转中心轴线。

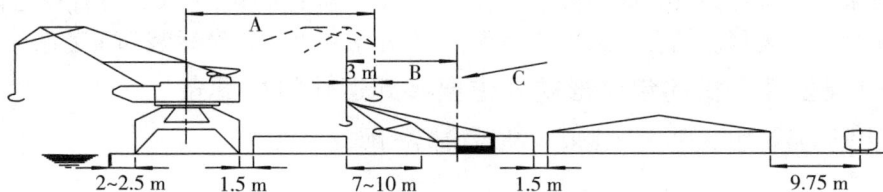

图 2-3　门座起重机与流动起重机联合布置

站台:采用叉车作业时,站台宽度宜取 7.75~9.75 m;采用轮胎式起重机作业时,可增大至 11.75 m。仓库站台需设置全遮式雨篷时,站台宽度为 6~8 m,此距离为 10.75~12.75 m。

站台高度的确定要考虑便于仓库与棚车接运,一般可取 1.1 m。站台边缘至相邻铁路中心线的距离为 1.75 m。站台车辆斜坡的坡度不超过 10%~20%。

3.一线堆场布置形式

所装卸的货物基本上只需在堆场上存放的码头泊位,一线可不建仓库,仅设堆场。在堆场纵深增加的情况下,堆场作业可采用起重机接运方式。图 2-4 为双线门座起重机一线堆场布置。图 2-5 为门座起重机与流动起重机一线堆场布置。

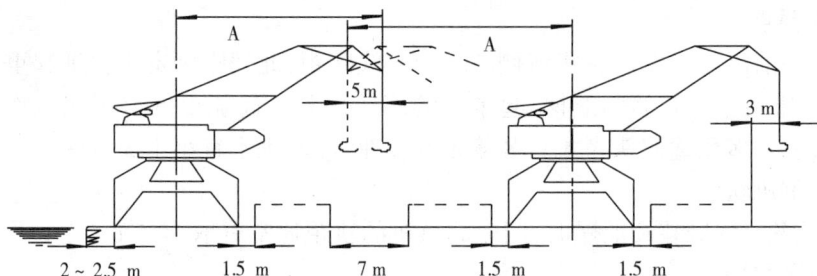

图 2-4　双线门座起重机一线堆场布置

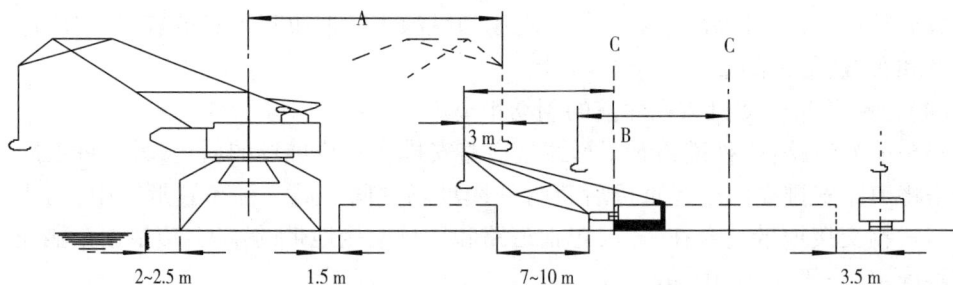

图 2-5　门座起重机与流动起重机一线堆场布置

二、件杂货装卸工艺组织

件杂货装卸工艺按货物的特征和包装形式又可细分为袋装货、捆装货、桶装货、箱装货、金属锭、篓装货、长钢材、钢板、卷筒纸、托盘货等多种。每种货物的装卸工艺都是由工艺流程、机械配置、作业人员配备、操作方法和要求等组成。

我国港口从事件杂货装卸历史较长,已积累了丰富的经验,形成了符合各港自身条件的件杂货工艺规程。结合有关工艺规程,下面介绍典型的件杂货装卸工艺的要点。

(一)典型件杂货的包装形式及主要装卸运输机械配备

典型件杂货的包装形式及主要装卸运输机械配备见表 2-4。

表 2-4　典型件杂货的包装形式及主要装卸运输机械配备

货物名称	典型的包装形式	主要机械及工具配备		
		装卸机械	搬运机械	工具配备
袋装货	单件重量 25～100 kg,以麻袋、布袋、纸袋和化纤编织袋包装	船吊、门座起重机、轮胎起重机、浮吊	牵引车、挂车、叉式装卸车	网络或货板、方框架吊具、马钩等
箱装货(可供捆装货参照)	单件总量小于 3 t,体积小于 10 m³ 的木箱、纸箱	同上	同上	木、铁质货板及其吊具、双扣钢丝绳套、马钩等
卷钢	卷钢、钢带、盘元	船吊、门座起重机	同上	"L"型卷钢吊具、撑架、钢丝绳组合;"C"型卷钢吊具、钢丝绳、起重环链组合;卷钢托垫、钢丝绳组合;长货叉、旋转吊具
生铁	生铁块	同上	牵引车、挂车配八角斗	抓斗、电磁吸盘网络、生铁网络、马钩、自动摘钩
卷筒纸	牛皮纸、新闻纸等	同上	同上	曲臂式、伸缩式、双调节夹具、活络绳扣、网络、四角钩

(二)典型件杂货装卸工艺流程

1.船—库(场)(图 2-6)

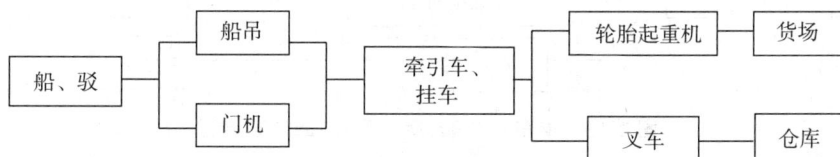

图 2-6　船—库(场)装卸工艺流程

2.船—驳船(图 2-7)

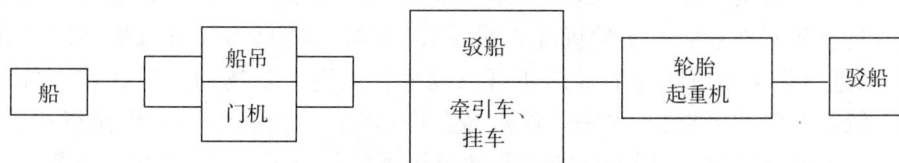

图 2-7　船—驳船装卸工艺流程

3.船—卡车、火车(图 2-8)

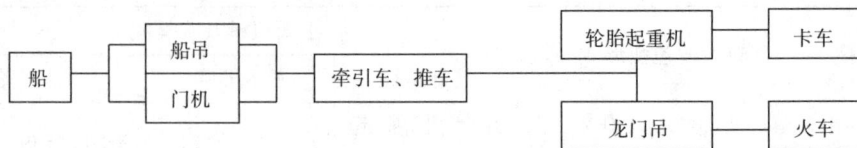

图 2-8　船—卡车、火车装卸工艺流程

4.驳船—驳船(图 2-9)

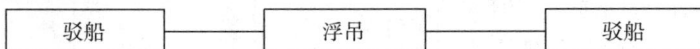

图 2-9　驳船—驳船装卸工艺流程

5.驳船—卡车(图 2-10)

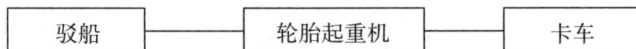

图 2-10　驳船—卡车装卸工艺流程

6.库(场)—卡车、火车(图 2-11)

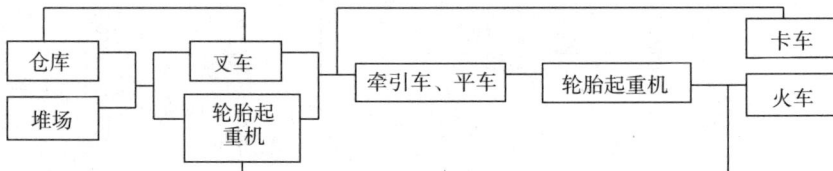

图 2-11　库(场)—卡车、火车装卸工艺流程

7.卡车—驳船、库(场)(图 2-12)

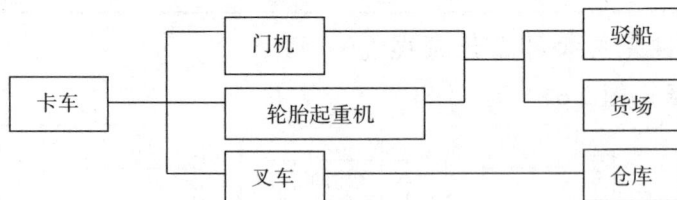

图 2-12　卡车—驳船、库(场)装卸工艺流程

本章小结

由于件杂货种类繁多、包装形式多种多样,因此在件杂货的换装作业过程中装卸工属具的合理使用对作业线效率的提高至关重要,而且工属具不仅可以提高码头作业线的效率,从港口物流的角度看工属具还可以提高物流链上货物的运达速度。件杂货装卸机械系统是由装卸船机械、水平运输机械和库(场)内机械、装卸车机械组成,最常用的系统是门机、船机系统。根据件杂货装卸机械系统的机械配置,典型的件杂货装卸工艺布置形式主要有船舶吊(杆)流动运输机械系统的一线仓库形式;门座起重机—流动运输机械的一线堆场—一线仓库形式。

案例分析

案例1：山东港口集团烟台港件杂货码头（引自齐鲁晚报齐鲁壹点）

山东港口集团旗下的烟台港被誉为"全国服务最好的件杂货码头"。2023年2月，烟台港件杂货码头顺利完成了68.4 t传动侧桥架装卸作业。针对件杂货船舶集中到港、装载货物样式繁多的作业难点，该公司充分发挥大件设备作业经验丰富的优势，坚持"作业队伍、机械、工属具"的专业化模式特长，提前对装船设备情况进行摸排，研究工艺吊具，科学调配制定装载方案，确定装卸船机械为船舶吊杆装置，双船机共同进行装卸作业；装卸工属具采用钢丝绳、起重环链双腿组合索具。经过对设备吊点进行反复确认，满足卸船及装船期间的转向空间，顺利完成吊装过程，创东南亚航线船机单件吊装最高纪录。

分析：件杂货运输的发展方向是成组化、集装箱化，之所以还保留件杂货这种运输方式，是因为有些件杂货不适宜成组化、集装箱化运输，如大件货物。本案例中的货物为68.4 t重的传动侧桥架，属大件设备，采用船舶吊杆装置，双船机共同进行装卸作业，作业中要从起吊点、工属具、作业空间等多方面考虑、安排，保证大件货物作业的安全。

案例2：日照港三公司件杂货作业效率提升150%（引自日照港官方公众号）

2022年7月27日，山东港口集团日照港成功完成了"莱阳"轮卧式卷钢装船作业。由于该票货物数量众多，日照港为了提高装卸效率，装卸工属具并没有采用传统的"L"型、"C"型卷钢吊具，而是利用集装箱原理将卷钢用钢丝绳绑好，在可以放置小件件杂货的框架箱上来集成运输和吊运货物。使货物实现由件到成组，改变传统一件一吊、一件一捆扎的作业工艺，使用门机进行吊上—吊下作业提高货物运输质量和货物装卸效率。件货类货物用框架吊具的应用成功，在保证货物吊装质量、避免货物和钢丝绳吊装过程中出现的勒痕等货运质量事故的同时，也降低了吊带的损耗，按照吊带吨消耗0.13元计算，每作业一万吨卧式卷钢节约工属具成本支出1 300元。该票货物的装卸刷新了该公司装船作业新纪录，作业效率提升了150%，受到客户的一致好评。

分析：件杂货作业的普遍问题是作业效率较低，本案例采用"框架吊具"集成卧式卷钢，实现了件杂货作业的成组化，不仅提高了作业效率，还降低了工属具的成本支出。

案例3：大连水产品交易市场装卸工艺及配送流程

大连水产品交易市场交易的鲜活水产品，是从到港渔船直取入库，需要通过皮带输送机实现。港区浮码头上已设有90 m长的皮带输送机，另需增设从码头前沿，至拍卖厅一段皮带输送机，在拍卖厅内设置两排总长280 m的可移动式的皮带输送机，便于船上直取的鲜活水产品的现场输送和批量交易。水产品物流配送见图2-13。

分析：水产品属鲜活件杂货，其船—库(拍卖厅)的水平搬运采用皮带输送机完成，水产品交易市场既完成码头相关作业又具备物流功能。本案例说明港口作为物流链上的节点，可以将港口生产与物流运作紧密结合，进而发挥其功能。

思考题

1.什么是件杂货？它是如何分类的？其装卸、运输、保管的特性是什么？
2.试述库(场)应满足的基本营运技术要求。

3.什么是装卸工属具？装卸工属具的作用有哪些？

4.试述件杂货的装卸机械系统。

5.试述件杂货装卸工艺布置,并举2~3例件杂货装卸工艺流程。

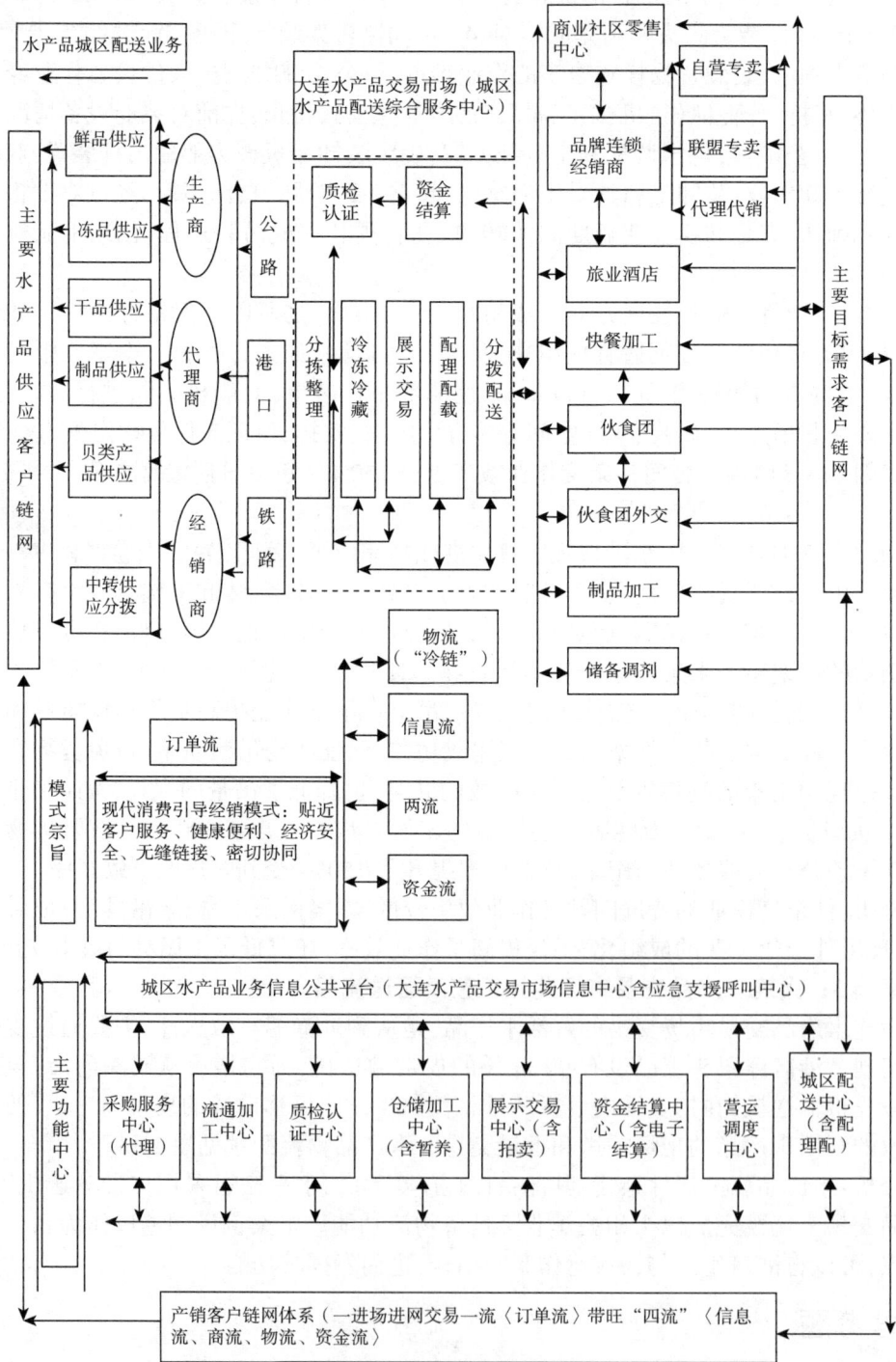

图 2-13　水产品物流配送图

第三章
集装箱码头装卸工艺

🔍 学习目标

通过本章的学习,应该能够:

1.熟知集装箱码头的组成及类型;

2.掌握集装箱码头装卸工艺系统;

3.论述集装箱码头装卸机械系统。

🎧 问题提出

集装箱换装应具备的码头资源是什么?集装箱装卸工艺系统有哪些?适合该货种换装的装卸机械系统是什么?

第一节 ◉ 集装箱码头概述

一、集装箱码头的组成

集装箱码头是专供集装箱船停靠和装卸作业的码头。通常有专门的装卸、运输设备,集运、贮存集装箱的宽阔货场,拆卸集装箱和货物分类用的货棚等,是水陆联运的枢纽,是集装箱运输系统的重要组成部分,是各种运输方式衔接的换装点及集装箱的集散地。因此,集装箱码头在整个集装箱运输过程中,具有重要的地位和作用。做好集装箱码头的各项工作,对于加速车、船和集装箱周转,降低运输成本,提高运输效率和运输效益,均具有极其重要的意义。

集装箱码头的整个装卸作业是采用机械化、大规模生产的方式进行的,要求各项作业密切配合,实现装卸工艺系统的高效化。这就要求集装箱码头布局合理,使码头上各项设施合理布置,并使它们有机地联系起来,形成一个各项作业协调一致、互相配合的有机整体,形成高效率的、完善的流水作业线,以缩短车、船、箱在港口码头的停留时间,加速车、船、箱的周转,降低运输成本和装卸成本,实现最佳的经济效益。

集装箱码头的装卸方式包括:吊上—吊下(LO-LO)、滚上—滚下(RO-RO),其作业分别在吊装式集装箱码头及滚装(汽车)码头进行。

对于集装箱滚装船运输，其码头设施主要是供集装箱滚动方式装卸作业的倾斜跳板，以及适应带轮滚装的广阔的陆域和堆场面积。

对于集装箱专用码头，码头布置主要要求集装箱泊位岸线长为 300 m 以上；集装箱码头陆域纵深应能满足各种设施对陆域面积的要求，由于集装箱船舶日趋大型化，载箱量愈来愈大，因此，陆域纵深一般为 1 000 m 以上，有的集装箱码头已高达 1 200 m；码头前沿宽度一般为 40 m 左右，这取决于集装箱装卸工艺系统、岸边集装箱起重机的参数和水平运输的机械类型，一般码头前沿不铺设铁路线，不考虑车—船直取的装卸方式，以防止码头前沿船舶装卸效率受到影响，每一个集装箱专用泊位，配置 2 台以上岸边集装箱起重机，集装箱堆场是进行集装箱装卸和堆存保管的场所。集装箱堆场的大小，应根据设计船型的装卸能力及到港的船舶密度决定，这还与采用的装卸工艺系统及集装箱在港停留时间有关。集装箱货运站(拆装箱库)可布置在集装箱码头的后方，一般布置在大门与堆场之间的地方，也可布置在集装箱码头以外的地方。所有通道的布置应根据装卸工艺与机械要求而定。

根据集装箱码头装卸作业、业务管理的需要，集装箱码头应有以下主要设施：

(一)泊位

泊位是港区内码头岸线供船舶安全靠离进行装卸作业或停泊所需要的水域或空间。泊位是紧靠集装箱码头岸壁的水域，它连接引航调头区和航道，供集装箱船作业停泊之用。

(二)靠船设施

码头岸线供来港装卸的集装箱船舶停靠使用，其长度应根据其所停靠集装箱船的主要技术参数及有关安全规定而定。码头岸壁一般是指码头陆域与泊位水域之间的垂直岸墙，主要设置保证船舶安全靠泊的系船设施与护舷设施。集装箱泊位长度一般为 300 m 以上，前沿水深应满足设计船型的吃水要求，一般为 15 m 左右。

(三)码头前沿

码头前沿是指沿码头岸壁到集装箱编排场(或称编组场)之间的码头面积。码头前沿设置有岸边集装箱起重机及其运行轨道。码头前沿的宽度可根据岸边集装箱起重机的跨距和使用的其他装卸机械种类而定，一般为 45~65 m。

集装箱码头前沿一般不设铁路线。因为各种车辆及集装箱的衔接交换都是在前沿进行的，非常繁忙，如果为了部分集装箱的车船直取而铺设铁路线，将会严重影响更多的集装箱的装卸作业，结果可能是得不偿失。所以很多专家和学者都不主张在集装箱码头前沿设铁路线，只有在个别情况下(如直取比重很大的码头)码头前沿才设有铁路线。也有用桩基结构的栈桥作前沿的，使用通道与堆场连接。

(四)集装箱编排场(编组场)

这是将准备即将装船的集装箱排列待装及即将卸下的集装箱准备好场地和堆放的位置，其主要作用是保证船舶装卸作业快速而不间断地进行。编排场面积的确定，主要与集装箱码头吞吐量、设计船型的载箱量、到港船舶密度及装卸工艺系统有关。将集装箱直接堆放还是放在底盘车上，堆放一层还是数层，情况不同所需的面积也不同。同时,编排场的配置方法、离码头前沿的距离等直接影响装卸作业,应慎重考虑。通常在集装箱编排场上按集装箱的尺寸预先在场地上用白线或黄线画好方格即箱位,箱位上编上"箱位号",当集装箱装船时,可按照船舶的配载图找到这些待装箱的箱位号,然后有次序地进行装船。

(五)集装箱堆场

集装箱堆场是指进行集装箱交接、保管重箱和安全检查箱的场所,有的还包括存放底盘车的场地。由于进出码头的集装箱基本上均需要在堆场上存放,因此堆场面积的大小必须适应集装箱吞吐量的要求,应根据设计船型的装载能力及到港的船舶密度、装卸工艺系统、集装箱在堆场的排列形式等计算、分析确定。

集装箱在堆场上的排列形式一般有"纵横排列法",即将集装箱按纵向或横向排列,此法应用较多。"人字形排列法",即集装箱在堆场堆放成"人"字形,适用于底盘车装卸作业方式。

集装箱码头堆场的空间资源主要是指堆场内堆存集装箱的箱区空间大小,通常集装箱堆场由若干箱区(Block)组成,每个箱区由若干贝位(Bay)组成,每个贝位包括若干排(Row)和若干层(Tier)。集装箱堆场的最小单元称"箱位"(Slot),因此集装箱在堆场中的具体位置——"箱位号"(Slot Number)由箱区、贝位、排和层共同决定。由于集装箱在堆场的堆叠摆放,通常说集装箱堆场空间资源为一种立体资源,因此堆场的箱区和箱位的合理安排,不仅能减少进口箱提箱、出口箱集港、进出口装卸船等作业过程的倒箱率,减少集卡在场等箱的时间、桥吊在码头前沿的等待时间,提高码头装卸效率,而且还能最大限度地提高码头堆场利用率,降低码头生产运营成本。

1.箱区（Block）

堆场管理的最基本要求,是针对本码头的具体情况划分出不同箱区。堆场箱区可按不同的分类方法分出不同的箱区:按进出口业务可分为进口箱区和出口箱区;按集装箱货种可分为普通箱区、危险品箱区、冷藏箱区、特种箱区和中转箱区;按集装箱装载状态可分为空箱区、重箱区。

下面仅对比较重要的进口箱区、出口箱区和空箱区做简单介绍。

（1）进口箱区

进口箱区一般安排在堆场中部,主要堆放进口重箱。其箱位横向间隔窄于空箱区,纵向留有间隔,以便于轮胎式龙门起重机等作业。进口箱区堆存模式主要有两种:"全混堆"和"半混堆"。前者不分船名航次,而是根据作业时就近原则,将进口箱连续堆放在街区中未放满而且未经整理的贝位中。这种模式下箱区利用率较高,但轮胎吊移动较频繁,影响进口卸船时的作业效率,而且后续提箱时翻箱率较高。后者是对进口箱区进行不间断的箱区整理,尽量将零星堆放的集装箱集中归并至某些贝位,使进口箱区有较多的全空贝位,以便卸船时可将同一船名航次的进口箱集中堆放。但"半混堆"模式的缺点也显而易见,首先堆场利用率较低,这对于一个堆场紧张的码头来说是不能接受的;其次对计划员素质要求比较高,需要计划员每天有针对性地做箱区整理计划;最后码头需要有充足的机械在卸船前完成箱区整理计划,而且箱区整理的操作量是否少于后续提箱的翻箱量也是很难考量的。

（2）出口箱区

出口箱区一般安排在堆场前部，主要堆放出口重箱。由于轮胎式龙门起重机从出口箱区取箱进行定位装船的过程中经常会在堆场上出现翻箱、作业线冲突等问题，使这个过程成为整个装船作业的瓶颈。将出口箱区安排在堆场前部，靠近泊位的区域，以减少集卡水平运输的距离，从而尽量避免了由于集卡不足而加剧送箱慢的问题。但堆场上的翻箱、作业线的冲突问题并不能因为出口箱区安排在堆场前部而减少。

（3）空箱区

一般安排在后方堆场，其箱位横向间隔可宽于重箱区，以便打开箱子及箱体检验；而其箱位纵向一般不留间隔，排数较其他箱区多，以便密集性堆放，这样不但能够提高堆场利用率，满足防风要求，而且适合堆高机和正面吊连续性作业。空箱区两边一般都设有车道，以满足双面提卸箱的要求。为了使场地利用最大化，有一部分空箱区为单边车道，这样的空箱区只能用来堆放大批量待疏运的空箱。

2.位（贝）（Bay）和街区

位（贝）和街区是集装箱码头操作过程中最常用的术语，能够将堆场以及集装箱场位进行准确的划分和标识。比如一个集装箱的场位是 A10234，它表示这个集装箱在 A1 街区，02 贝位，第 3 排，第 4 层，如图 3-1 所示。

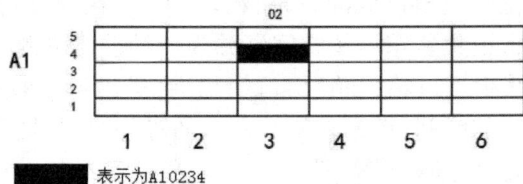

图 3-1　集装箱场位表示法

（1）街区：街区的编码分为两种，一种是用一个英文字母表示；另一种是由一个英文字母和一位阿拉伯数字组成，其中第一位英文字母表示码头的泊位号，第二位阿拉伯数字表示堆场从海侧到陆侧后方堆场的顺序号。国内码头普遍采用一位字母和一位数字组合，作为街区的编码。

（2）位（贝）：一个街区由若干个位组成，位（贝）的编码一般用两位阿拉伯数字表示，与集装箱船舶箱位（行）号表示类同，用奇数 01、03、05……表示 20 ft 的箱位，偶数 02、04、06……表示 40 ft 的箱位。

（3）排：用一位阿拉伯数字表示。

（4）层：用一位阿拉伯数字表示。一般为 4 层或 5 层。

（六）集装箱货运站

集装箱货运站有的设在码头之内，也有的设在码头外面。货运站是拼箱货物进行拆箱和装箱的场所，主要任务是负责出口拼箱货的接收、装箱，进口拼箱货的拆箱、交货等。货运站应配备拆装箱及场地堆码的小型装卸机械及有关设备，货运站的规模应根据拆装箱量及不平衡性综合确定。

（七）维修车间

维修车间是对集装箱及其专用机械进行检查、修理和保养的场所。它的主要任务是及时对集装箱及主要机械进行检查、维修和保养,使其经常处于完好的技术状态,提高完好率,以保证集装箱码头生产不间断地正常进行。维修车间的规模,应根据集装箱的损坏率,修理期限内使用的车辆和装卸机械的种类、数量及检修内容等确定。

(八) 控制塔

控制塔是集装箱码头作业的指挥中心。其主要任务是监视和指挥船舶装卸作业及堆场作业。控制塔应设在码头的最高处,以便能清楚看到码头所有集装箱的箱位及全部作业情况,有效地进行监督和指挥工作,控制塔内装有多部工业电视,通过不同地点、不同角度的摄像头,准确掌握全码头各局部的作业情况。

(九) 大门

大门是集装箱码头的出入口,也是划分集装箱码头与其他部门责任的地方。集装箱码头门卫工作非常重要,所有进出集装箱码头的集装箱均在门房进行检查,办理交接手续并制作有关单据,这些单据不仅作划分责任的依据,也是实行集装箱码头电子计算机管理的主要数据来源。

(十) 集装箱码头办公楼

集装箱码头办公楼是集装箱码头行政、业务管理的大本营。目前已基本上实现管理电子计算机化,最终会达到管理的自动化、智能化。

总之,现代化成为港口大规模和高效率进行集装箱装卸、保管、加速车船周转必要的技术手段。集装箱码头作业虽以船舶装卸为中心,其他如集装箱的收发、交接、堆场上空箱和重箱的堆码和保管,货运站零担货物的拆箱与装箱等工作,也须有组织、有计划地进行,才能使装卸效率进一步提高。

为了尽可能缩短船舶作业时间,必须在船舶到港之前,预先做好卸船集装箱堆存计划,以及装船集装箱的集结和配载计划,这样当集装箱船靠码头以后,才能使装卸机械设备和场地作业有计划、有组织地开始工作。

二、集装箱码头的必备条件与类型

(一) 集装箱码头的必备条件

(1) 具备集装箱船安全进出的航道和引航调头区及安全漂浮的泊位,适宜的岸边装卸设备;(2) 具有足够的场地和必要的设施,能保证大量集装箱得到妥善分类、保管、交付和修理的需要;(3) 配备足够数量的装卸机械和有关设备,以及操作熟练的司机、工人等;(4) 具有直接连接陆路运输的机能;(5) 配备足够的业务管理人员,具有完善的组织管理系统和有关的规章制度;(6)具有当时、当地先进的咨询系统。

(二) 集装箱码头类型

1.按地位与作用分类

集装箱码头分为国际集装箱枢纽港、区域性集装箱枢纽港(干线港)、喂给港(支线港)。

国际集装箱枢纽港的特征:

(1)处于国际主航道上或经济区域中心,如香港、新加坡、鹿特丹……;(2)港口自然条件优良;(3)有现代化的港口设施和设备;(4)依托国际商贸、金融中心城市,具有优良的口岸环境和高度发达的资讯系统；(5)具有陆路、内河和海上运输网连接或辐射周边地区，能提供庞大的远洋航运网络及优良的服务以吸引大量集装箱的集散。

区域集装箱枢纽港(干线港)的特征：

(1)区域集装箱枢纽港是地区内较大的集装箱港口，有一定规模的远洋航运网络；(2)箱量的形成主要靠陆向腹地的进、出口；对周边港口有一定的辐射，有一定数量的中转箱；(3)离国际主航道有一定距离，处于区域经济中心位置。

地区性集装箱港口(支线港)的特征：

(1)本港箱量小，干线船进不去；(2)依靠喂给干线港，通过中转完成本地货物的进、出口，如渤海湾里的大多数港口：锦州港、秦皇岛港等。

2.按布局分类

集装箱码头分为顺岸式集装箱码头、凹式集装箱码头。

顺岸式集装箱码头的特点：

(1)目前大多数集装箱码头采用；(2)码头前沿线与自然陆域岸线大致一致或呈较小的角度，建设成本低；(3)岸线后方有较大的陆域面积，方便布置堆场和仓库及其他辅助设施；(4)从岸线到堆场距离较近，方便装卸船作业；(5)通常由几个泊位组成，根据实际靠泊船舶的长短，岸线资源可以共享；(6)船舶靠离码头较方便；(7)大型船舶作业对岸桥的外伸距要求较高。

凹式集装箱码头的特点：

(1)目前使用较少，典型的是阿姆斯特丹的 Ceres Paragon 码头；(2)船舶靠离码头较困难；(3)大型船舶作业可两边装卸，提高作业效率，同时减小装卸船机械的幅度；(4)凹岸处水流速度大，泥沙淤积少；(5)延长码头岸线，增加泊位数。

三、自动化、智能化集装箱码头简述

面对全球工业 4.0 和"互联网+"的发展趋势，自动化集装箱码头成为智慧港口当前及未来发展的一个重点。2021 年 12 月，中国已建成 10 座自动化集装箱码头，并有 7 座自动化集装箱码头在建，已建和在建规模均居世界首位。

目前，我国已在码头总体布局、装卸工艺、智能化闸口、堆场协同、北斗及"5G"技术应用等方面取得了大量创新成果：首创全场轨道吊"一键锚定"、机器人拆装扭锁系统等技术；结合各地实际探索了"顺岸布置""U 形布置"等全自动化码头布置新型式，2021年 10 月 9 日投运的日照港石臼集装箱码头成为全球首个顺岸开放式全自动码头；在依托地面磁钉的自动导航运载车(AGV)基础上创新发展了无人集卡、人工智能搬运机器人(ART)、智能导引运输车(IGV)等新型港内运输工具，极大丰富了自动化码头建设内涵和适用范围；天津北疆 C 段积极打造绿色码头、零碳码头，首创了"堆场水平布置边装卸+单小车地面集中解锁""智能水平运输系统"等技术；深圳妈湾积极打造智慧港，首创了全域、全时、全工况、多要素的传统集装箱码头升级解决方案，解决了人工驾驶集卡与智能驾驶混行的全天候协同管控领域的行业难题。在自动化集装箱码头"大脑"——生产管理系统(TOS 系统)和"神经"设备控制系统(ECS 系统)方面，我国也逐步实现了关键核心技术的自主可控。如上海洋山四期、厦门远海、深圳妈湾都采用了国产的 TOS

系统,上海振华生产的 ECS 系统已得到了广泛的应用。

第二节 ◉ 集装箱码头装卸工艺系统

集装箱码头装卸工艺系统的选择主要取决于下列因素:预定集装箱量及大小、所需土地面积的可能性、集装箱船的装载量和到港频率、投资的可能性、场地上作业效率的高低、集装箱内陆集疏运的方式、集装箱损坏率的高低、装卸机械的维修费用、码头作业的灵活性、实现自动化作业的要求。

集装箱码头的装卸工艺方式,目前主要有以下方案:轮胎式龙门起重机系统、轨道式龙门起重机系统、跨运车系统、底盘车系统、正面吊运机系统、组合系统。

一、轮胎式龙门起重机系统

轮胎式龙门起重机系统的流程为码头前沿采用岸边集装箱起重机进行船舶装卸集装箱作业,轮胎式龙门起重机承担货场装卸和堆码作业,从码头前沿到货场的集装箱水平运输由集装箱半挂列车承担。轮胎式龙门起重机可堆4或5层集装箱,一般跨6列箱和1列车道,轮胎式龙门起重机可从一个堆区移到另一个堆区。目前该系统被国内集装箱码头较多采用。其工艺流程如图3-2所示。

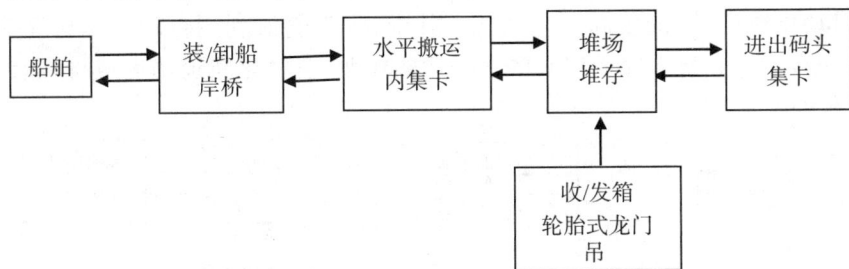

图 3-2　轮胎式龙门起重机系统工艺流程图

轮胎式龙门起重机系统的优点:有效地利用堆场;减少堆场铺面费用;设备操作简单,对工人只需中等技术水平的训练;相对于跨运车系统,对集装箱损坏的机会少;采用90°转向和定轴转向,占用通道面积小;与轨道式龙门起重机比较,不受轨道限制,可从一个堆区转移到另一个堆区;可采用直线行走自动控制装置,实现行走轨迹自动控制,并可采用计算机控制,易于实现集装箱装卸作业自动化。

轮胎式龙门起重机系统的缺点:相对于跨运车系统灵活性不够,一次只能固定在一个堆区作业,到另一个堆区需要较长的转移时间;轮胎式龙门起重机跨距大、箱位多、堆垛高、提取集装箱困难,有时还需倒垛;该系统需配集装箱半挂列车承担集装箱水平运输,增加了作业环节,组织作业较为复杂;初始投资高。

二、轨道式龙门起重机系统

随着智慧集装箱码头的发展,轨道式龙门起重机系统可分为传统的及智慧的集装箱码头工艺系统。

传统的轨道式龙门起重机系统码头前沿采用岸边集装箱起重机进行船舶装卸集装箱作业。轨道式龙门起重机承担货场装卸和堆码作业。从码头前沿到货场的集装箱水平运输由集装箱半挂列车承担。轨道式龙门起重机可堆 5~6 层集装箱,其跨距更大,可跨 14 列或更多列集装箱。目前该系统被国内新建的大型集装箱码头较多采用。

轨道式龙门起重机系统的优点:堆场面积利用率高;机械结构简单,维修容易,作业可靠;机械为电力驱动,节省能源;机械沿轨道运行,可采用计算机控制,易于实现集装箱装卸的自动化。

轨道式龙门起重机系统的缺点:机动性差,只能沿轨道运行,作业范围受到限制;跨距大,提取集装箱、倒箱困难;初始投资也较大,与轮胎式龙门起重机系统投资相当。轨道式龙门起重机系统工艺流程见图 3-3。

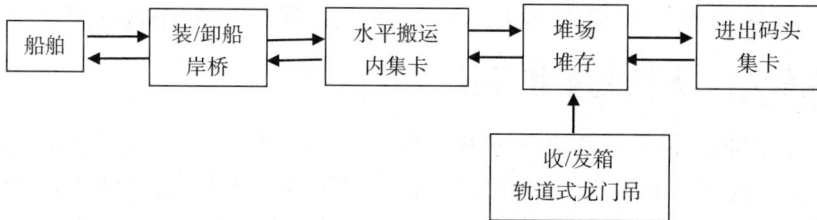

图 3-3　轨道式龙门起重机系统工艺流程图

智慧集装箱码头主要采用"自动化岸桥+AGV(自动导引车)/IGV/(智能导引车)无人集卡+自动化轨道吊"的装卸工艺系统。其中,码头前沿利用自动化岸桥完成装卸船作业,AGV/IGV/无人集卡完成码头的水平运输作业,自动化轨道吊完成堆场装卸作业。其工艺流程如图 3-4 所示。

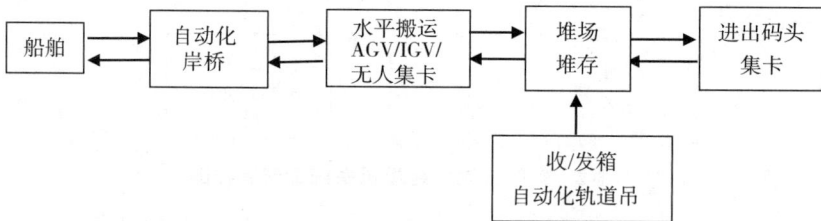

图 3-4　智慧集装箱码头工艺流程图

三、跨运车系统

跨运车系统码头前沿采用岸边集装箱起重机承担船舶装卸作业,跨运车承担码头前沿与堆场之间的水平运输,以及堆场的堆码和进出场车辆的装卸作业。

跨运车系统的优点:跨运车一机完成多种作业,减少码头的机种和数量,便于组织管理;跨运车机动灵活、对位快,岸边集装箱起重机只需将集装箱从船上卸下后放在码头前沿,无须准确对位,跨运车自行抓取运走,充分发挥岸边集装箱起重机的卸船效率;机动性强,既能搬运又能堆码,减少作业环节,装卸作业效率较高;相对于底盘车系统,由于可堆 2~3 层集装箱,场地利用较好,所需场地面积小。

跨运车系统的缺点:机械结构复杂,液压部件多,容易损坏漏油,维修保养比较困难;初始投资高;对司机操作技术水平要求高,司机对位不准易造成集装箱损坏;要求维修人员有较高的技术水平;因货主取箱是任意的,所以堆场中常常进行倒垛,集装箱出场不如底盘车系统那样方便灵活。跨运车系统工艺流程见图3-5。

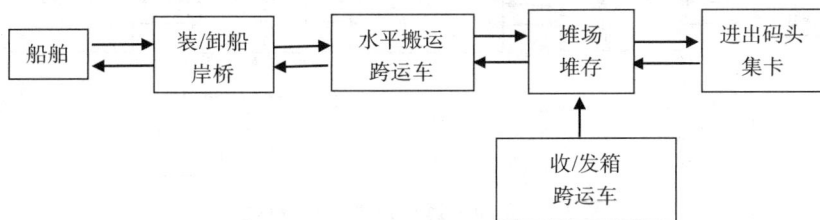

图 3-5　跨运车系统工艺流程图

四、底盘车系统

底盘车系统特点为进出口集装箱在码头货场整个停留期间均放置于底盘车上。

底盘车系统的优点:减少了集装箱在港的操作次数,装卸效率高,集装箱损坏率小;底盘车可直接用于陆运,适于门到门运输;底盘车轮压小,对场地承载能力要求低,节省场地铺面投资;工作组织简单,对装卸工人和管理人员的技术水平要求低;场地不需要复杂、昂贵的装卸设备。

底盘车系统的缺点:为停放底盘车和拖挂作业的方便,要求较大的场地;需要停放的底盘车数量多,投资大,在运量高峰阶段可能会出现底盘车不足而间断作业或需提供其他堆存设施;不易实现自动化;采用这种系统的大型码头托运距离长,在高峰期有可能造成港内道路堵塞;底盘车不仅在堆场使用,也在堆场外使用,需要频繁地修理和保养,其工艺流程如图3-6所示。

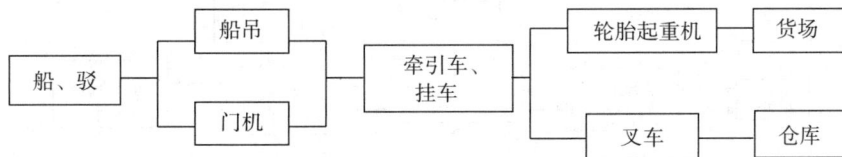

图 3-6　底盘车系统工艺流程图

五、正面吊运机系统

正面吊运机系统码头前沿采用岸边集装箱起重机装卸船舶作业,码头前沿与堆场之间水平运输和集装箱的堆码与装卸车作业由正面吊运机承担。正面吊运机系统的应用尚不广泛,仅在集装箱吞吐量较小的码头上有所应用。

正面吊运机系统的优点:正面吊运机可完成搬运、堆码、装卸车作业,减少码头配备的机种,便于机械的维修保养;正面吊运机可跨箱作业,一般吊装4层箱高,有的可达到5层箱高,相对叉车系统场地利用率较高;正面吊运机可加装吊钩或木材抓斗,用于吊运重件或木材,使机械在寿命期内得到充分利用。

正面吊运机系统的缺点:正面吊运机只能跨一箱或两箱作业,因而要求箱区小、通道多,且正面吊运机吊运集装箱时,一般箱体与吊运机垂直,因而需要较宽的通道,相对龙门起重机系统场地利用率低;正面吊运机一机完成多种作业,单机效率低,需配备的

41

机械台数多,系统初始投资大;正面吊运机吊运集装箱行走时,载荷重心后移,造成转向轮轮压大,转向轮轮胎和路面磨损严重。正面吊运机系统工艺流程见图 3-7。

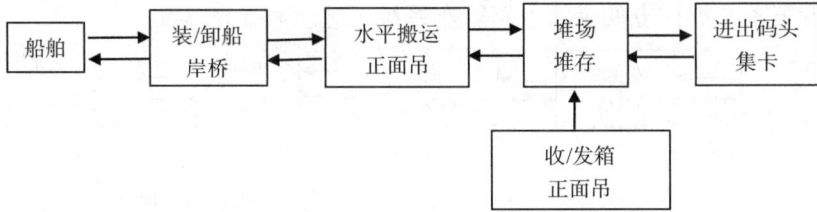

图 3-7　正面吊运机系统工艺流程图

六、组合系统

从经济性和装卸性能的观点来看,前面所叙述的各种装卸工艺系统各有其优点,也有其不足之处。这样导致一些港口当局和码头经营者采取了前面叙述装卸工艺的混合系统。采用较多的是跨运车—轨道式龙门起重机系统。第一个使用跨运车—轨道式龙门起重机组合系统的集装箱专用码头是鹿特丹的欧洲集装箱码头。该码头的特点是:(1)采用岸边集装箱起重机装卸;(2)进口箱的水平运输、堆码(可堆 3 层箱)和交货装车由跨运车完成;(3)出口箱的货场与码头前沿之间的水平运输由集装箱半挂列车承担,货场的装卸车和堆码(可堆 5 层箱)由轨道式龙门起重机承担。在鹿特丹码头采用组合系统之后,又有一些码头也改造成组合系统。如香港的现代货箱码头公司的集装箱码头、安特卫普的基尔森码头等。这种组合系统能最充分地发挥每一类型系统的优点,克服其缺点,扬长避短,使系统更加合理和完善。组合系统工艺流程见图 3-8。

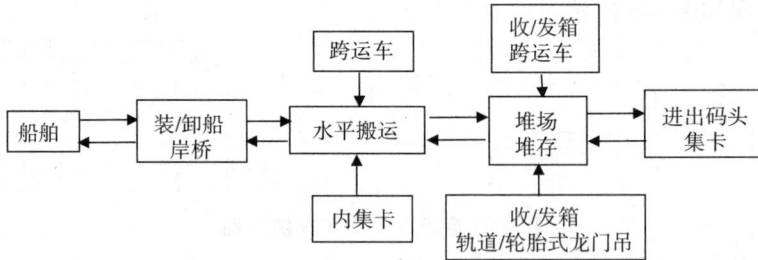

图 3-8　组合系统工艺流程图

值得注意的是上述 6 个工艺系统的优缺点都是相比较而言,各个工艺系统的技术经济比较见表 3-3。

目前国内外最典型的集装箱码头工艺系统为场桥系统、跨运车系统。

表 3-3　各个工艺系统的技术经济比较

系统\指标	底盘车系统	跨运车系统	轮胎式龙门起重机	轨道式龙门起重机	正面吊运机系统	组合系统
储存能力	差	好	优	优	好	优
投资费用	差	好	好	好	好	优
工艺简单性	优	好	差	差	优	中

续表

系统 指标	底盘车 系统	跨运车 系统	轮胎式龙 门起重机	轨道式龙 门起重机	正面吊运 机系统	组合 系统
装卸效率	优	好	好	好	中	优
机动性	优	好	差	差	优	中
减轻集装箱损坏	优	差	好	好	好	好
降低维修成本	好	差	好	优	好	中
可扩张性	优	好	差	差	好	好
自动化适应性	差	差	好	优	差	好
与铁路接运	差	差	好	优	好	好

第三节 ◉ 集装箱码头装卸机械系统

装卸机械系统是指组成工艺过程的设备总体。集装箱码头的装卸机械系统首先依据集装箱码头装卸工艺系统选定,其次由装卸船机械、水平搬运机械、堆场作业机械、拆装箱作业机械等组成。

集装箱的标准化和集装箱船的专用化,为港口码头装卸机械高效化提供了良好条件。

一、集装箱码头装卸机械

集装箱码头的主要专用机械包括:岸桥、场桥、跨运车、集装箱拖车、自动导引车(AGV)、智能导引车(IGV)、正面吊、集装箱叉车、空箱堆高机等。

(一)岸桥

在现代化的集装箱码头上,目前从事码头前沿集装箱起落舱作业的设备普遍采用的是岸边集装箱起重机(ship-to-shore crane)来装卸集装箱船舶。岸边集装箱起重机又称集装箱装卸桥,简称岸桥。岸桥是一种体积庞大(高度可达70多米)、自重非常重(有700 t以上)、价格昂贵(1 000万到几千万元人民币)的集装箱码头专用设备。

岸桥主要由带行走机构的门架、承担臂架重量的拉杆和臂架等几个部分组成。臂架可分为海侧臂架、陆侧臂架和门中臂架3个部分。门中臂架是专门用于连接海侧和陆侧臂架的。臂架的主要作用是用来承受带升降机构的小车重量,而升降机构又是用来承受集装箱吊具和集装箱重量的。海侧臂架一般设计成可以俯仰,以便集装箱装卸桥移动时与船舶的上层建筑不会发生碰撞。

岸桥作业时,由于集装箱专用船舶的船舱内设有箱格,舱内的集装箱作业对位非常方便,无须人工协助,因此,在作业中没有了像件杂货那样的舱内作业工序。根据世界集装箱码头营运经验,一般情况下一个集装箱泊位平均可配备装卸桥1~3台。

目前,世界上已建成及正在建设的自动化集装箱码头多采用双小车自动化岸桥来装卸集装箱,当自动化码头堆场与岸边无充足空间时,宜采用单小车自动化岸桥。

（二）场桥

场桥是集装箱码头用于堆场作业的桥式桁架结构的起重机,分轮胎式场桥(RTG)和轨道式场桥(RMG)两种;RTG自带内燃机发电,RMG需拖带电缆接外电。目前世界各国港口正在进行绿色港口建设,针对RTG正在施行"油改电"技术改造,改造后的RTG为ERTG。

目前已投运的自动化集装箱堆场中,自动化轨道式场桥即自动化轨道吊,因其具有机构运行平稳、定位精度高、行走速度快、总体作业效率高等优点更受青睐,可通过AR和人工智能技术自动识别集卡位置进行装卸操作。不过在实际选择机械过程中需因地制宜。

（三）跨运车

跨运车是一种集水平搬运、场地堆码与集拖装卸等多种功能于一身的机种,它机动灵活,因减少了作业环节而效率高;但堆场利用率较低,机械维修保养难度大、费用高。

在自动化集装箱码头,综合利用计算机控制和管理系统、DGPS导向系统及现场雷达定位系统,可为跨运车车队制定出最佳的自动运行方案和箱位定位方案实现自动化作业。由于跨运车必须具有集装箱提升功能,其配置功率大于350 kW,相对于AGV来说要大得多。由于受电池价格以及技术工艺的限制,目前跨运车仍采用柴油发电机驱动。

（四）集装箱拖车

集装箱拖车(简称拖车)是集装箱码头运输集装箱的主要设备,它由牵引车和挂车两部分组成。

通常集装箱码头将拖车资源分为内拖车和外拖车,内拖车主要负责堆场与码头前沿的集装箱水平运输,外拖车主要将集装箱经过闸口运出或运进集装箱码头。

随着集装箱岸桥装卸效率的提高,单次移动能吊起多只集装箱,这就要求拖车组成车组配合装卸,有的形成新的装卸工艺。目前比较先进的拖车装卸工艺方案主要有以下三种。

1.双集装箱拖挂车方案

针对拥有双40 ft吊具的岸桥多箱作业的特点,改变以往集装箱拖车单车列队运行模式,将集装箱拖车成双并列等候在高效岸边集装箱岸桥装卸区,完成装卸后根据生产调度继续下一循环。

2.双层集装箱拖车方案

采用双层集装箱拖车,即拖车上可以堆放2层集装箱,可同时拖运2只40 ft集装箱或4只20 ft集装箱,堆场工艺与普通集装箱拖车方案相同。

3.双40 ft集装箱拖车方案

采用与双40 ft岸桥吊具相匹配的专用双排集装箱拖车,即1台拖车可同时运输2只40 ft集装箱或4只20 ft集装箱,拖车箱位布置与双40 ft岸桥吊具相匹配,实现多箱同时装卸。此外,还有目前最先进的三吊具,无论是三吊具还是双吊具,都要注意集卡在码头前沿的运行路线设计。

(五)自动导引车(AGV)、智能导引车(IGV)

1.自动导引车

采用 AGV 进行水平搬运作业,AGV 依靠地下磁钉定位,沿着提前规划的路径自动驾驶,同时完成调度系统指令。应用"5G"通信技术,在 AGV 安装高清摄像头,实时回传高清视频,AGV 及时响应远程调度指令。

2.智能导引车

采用 IGV 进行水平搬运作业,IGV 通过智能算法,自动规划路径,将集装箱送至指定位置。IGV 不需要像 AGV 一样依靠地下磁钉定位导航,而是采用"5G"+北斗高精度定位系统进行灵活的定位运行,当电量低于一定值时可自行充电。

(六)其他机械

其他机械主要是指正面吊、集装箱叉车、空箱堆高机等。

二、集装箱码头装卸机械系统

集装箱码头装卸机械系统根据不同的装卸工艺有所不同。其系统的组成包括装卸船机械、水平搬运机械、堆场作业机械及拆装箱作业机械。

(一)装卸船机械

在现代化的集装箱码头上,如果是吊上—吊下装卸方式,装卸船机械大都是岸桥,由完成集装箱的起落舱作业。

(二)水平搬运机械

水平搬运机械完成集装箱由码头前沿到堆场、堆场之间、堆场到集疏运工具之间的水平搬运。根据不同的集装箱码头工艺系统,水平搬运作业使用不同的机械。如跨运车系统由跨运车完成,正面吊运机系统由正面吊运机完成,底盘车系统由拖挂车完成,龙门起重机系统由集卡、拖挂车或者自动导引车完成。

(三)堆场作业机械

堆场作业机械完成集装箱在堆场的堆码、倒箱作业。根据不同的集装箱码头工艺系统,堆场作业使用不同的机械。如跨运车系统由跨运车完成、正面吊运机系统由正面吊运机完成、龙门起重机系统由龙门起重机完成。此外,各系统的装卸车作业也由相同的机械完成。

(四)拆装箱作业机械

集装箱的拆装箱作业主要由叉车或者装箱机完成。

本章小结

由于集装箱运输所具有的优越性,这种运输方式被越来越多的货种采纳,随着世界经济的发展,集装箱货量迅猛增长,集装箱船舶的发展趋势是浅吃水、肥大性,集装箱码头的设计要满足大型集装箱船舶装卸作业的需求,尤其是要依据不同的集装箱装卸工艺系统配置相应的装卸机械化系统。如岸桥的外伸距要足够长,能够达到集装箱船舱口的外侧,目前国际先进集装箱码头的岸桥外伸距已达 70 多米;岸桥的数量、吊具的配置（双吊具、三吊具）要满足大型集装箱船装卸作业效率需求；同时要考虑作业线上机械系统效率的匹配（如岸桥、场桥、拖车数量的合理配置与调度）。智慧集装箱码头具有安全高效、绿色环保、服务高质等优势，已成为智慧港口建设的先导。

案例分析

案例1：山东港口青岛港迎来全球最大集装箱船首航靠泊（引自港口圈）

2023年3月22日，我国自主研制的全球最大的超大型集装箱船"地中海伊琳娜"（MSC IRINA）号首航山东港口青岛港，刷新了挂靠青岛港超大型船舶的历史纪录。该轮最大载货量为24 346 TEU，在港装箱量7 500 TEU。据了解，该船由江苏扬子江船业集团建造，拥有完全自主知识产权，总长399.99 m，型宽61.3 m，最高单贝堆箱层高达25层，相当于22层楼的高度，是当之无愧的海上"巨无霸"和"带货王"。为进一步提升服务，山东港口青岛港高度重视、提前研究，积极协调青岛海事局，通过海事巡逻艇维护进出港通航秩序，落实国际船舶进出港手续"一网通办"等举措，优化进出港作业流程，压缩各环节等待时间，确保船舶安全高效进出。此次靠泊"地中海伊琳娜"号的前湾港区QQCT码头水深域阔、不淤不冻，拥有41台桥吊、111台轮胎吊，配备全球领先的码头生产管理系统硬件设施条件，为确保安全靠泊，QQCT码头坚持"一船一策"，制定精准作业方案，持续优化作业流程，保障该船平稳靠泊、作业有序。

分析：作为集装箱物流链上的节点集装箱码头——要实现其服务功能，就应满足集装箱船装卸作业的要求，尤其是装卸工艺系统要满足最大的集装箱船作业的要求。

案例2：上海洋山深水港四期自动化码头（引自港口圈）

上海洋山深水港四期自动化码头是目前全球单体最大的全自动化码头，也是全球综合自动化程度最高的码头。码头位于东海大桥以南，地处洋山深水港的最西侧，依托颗珠山岛及大、小乌龟岛围海填筑形成，总用地面积223万 m²，共建设7个集装箱泊位，集装箱码头岸线总长2 350 m，设计年通过能力初期为400万标准箱，远期为630万标准箱。

该码头是国内首个"中国芯"的全自动化码头，其码头的管理系统（TOS）和设备管理系统（ECS）我国均拥有自主知识产权。放眼望去，整个洋山深水港四期码头和堆场内空无一人，自动化的岸桥、场桥、AGV小车有序作业。原先的码头操作员全部转移到监控室，对着电脑屏幕就能完成全部作业，实现了码头集装箱装卸、水平运输、堆场装卸环节的全过程智能化操作，因此，这座全自动化码头又被称为"魔鬼码头"。投产五年来，洋山深水港四期年吞吐量突破570万标准箱，同比增长35.7%，创造岸桥平均台时量58.28自然箱、岸桥单机作业效率每小时63.88自然箱的两项新纪录。

案例3：青岛港自动化集装箱码头三期工程（一期）通过交工验收（引自港口圈）

2023年3月7日，山东港口青岛港前湾港区自动化码头三期工程（一期）顺利通过交工验收，为后期项目整体竣工验收打下了坚实基础。该工程位于青岛港前湾港区南岸，为山东省重点建设项目，计划总投资26.4亿元。码头长768 m，规划建设占地面积约60.2万 m²，建设规模为2个10万吨级集装箱泊位，设计年通过能力70万标准箱。今年下半年，二期工程交工验收后将正式投产运营。作为智慧港口快车道上的先行者,2017 年 5 月,青岛港率先建成全球领先、亚洲首个真正意义上的全自动化集装箱码头。一期工程岸线长 660 m,建设 2 个集装箱泊位,设计年通过能力 150 万标准箱,首次向全球港航业展示自动化码头建设"中国方案"。2019 年 11 月,自动化集装箱码头二期工程投产运营,岸线长 660 m,建设 2 个集装箱泊位,设计年通过能力 170 万标准箱,首创氢动力自动化轨道吊,形成"氢+5G"智慧绿色发展模式。近年来,青岛港自动化集装箱码头建成智能空轨集疏运系统(示范段),发布全自动化集装箱码头智能管控系统(A-TOS),创出桥吊平均单机作业效率 60.18 自然箱/小时,连续九次刷新世界纪录。青岛港自动化集装箱码头三期工程按照全自主自动化集装箱码头设计和建设,建成后将与一期、二期工程联通形成规模优势,促进港口资源集聚,进一步提升山东港口青岛港集装箱自动化程度和水平,加速科技与业务的全面深度融合。

分析:集装箱码头的装卸机械系统首先依据集装箱码头装卸工艺系统选定,其次由装卸船机械、水平搬运机械、堆场作业机械、拆装箱作业机械等组成。随着港口工程技术的不断进步,港口建设也向着专业化方向发展,港口生产的机械化、自动化以及智能化的发展趋势日益明显。虽然我国的自动化及智慧港口建设起步晚,但近年来我国智慧码头建设不断取得新成果,目前已建和在建的自动化集装箱码头数量居世界首位。科学技术是第一生产力,创新是引领发展的第一动力。中国自主创新能力不断释放出助推实现中华民族伟大复兴的强大动能。

思考题

1.什么是集装箱码头？集装箱码头的组成及类型包括哪些？

2.集装箱运输的优越性是什么？

3.集装箱码头的装卸方式包括什么？

4.集装箱码头装卸工艺系统有哪些？分别具有什么优缺点？

5.集装箱码头装卸工艺系统的工艺流程图分别是怎样的？

6.思考集装箱码头装卸工艺系统命名的特点。

7.集装箱码头装卸机械系统由什么组成？

8.在作业线上,集装箱码头装卸机械系统效率匹配以什么为准？

第四章
干散货码头装卸工艺

学习目标

通过本章的学习,应该能够:

1. 描述干散货的分类及其特性;
2. 了解干散货装卸搬运的特点;
3. 熟知干散货码头装卸机械系统;
4. 掌握干散货码头装卸工艺。

问题提出

什么是干散货?干散货是如何分类的?各类干散货的特点及流向是什么?干散货码头装卸工艺系统有哪些?干散货码头装卸机械系统是如何配置的?

第一节 ● 干散货概述

一、干散货的定义及分类

干散货是指呈松散颗粒(或者粉末)状态的货物。干散货往往是原材料货物,一次装卸搬运的数量较大,属于大宗货物,目前主要包括铁矿石、煤炭、粮谷、铝土矿和磷矿石等五大干散货;由于散运可以节省包装,提高装卸效率,许多传统上以袋装运输的货物也在逐步实现散装化,如散化肥、散糖、散水泥等。

二、干散货的作用及流向

国际干散货航运中的货物不需要包装、可直接装于船舱,主要是一些初级产品,其中铁矿石、煤炭、粮谷、铝土矿和磷矿石这五大干散货,是国际干散货航运中的主要货源。这些干散货大都是工业生产的原材料,是世界经济发展的基础,如铁矿石和煤炭是钢铁制造业的原材料,而钢铁是工业和建筑业、汽车业、商船业、机器制造业以及大多数工业产品的主要原料;煤炭除了用于生产钢铁外,还是能源发电工业的主要原料;而粮谷更是人类生存之必需品；铝土矿是铝工业的原料，而铝是重要性仅次于钢铁工业的现代工业原料；磷矿石是农作物生产所依赖的重要化肥原料。从干散货的重要性可以看到国际干散货物流对于世界经济的发展起着非常重要的作用。

铁矿石是五类大宗干散货中的第一大项，它的海运量在很大程度上是由钢铁厂的布局和原料产地的距离所决定的。20世纪70年代以前，钢铁厂家倾向于在靠近原料产地的地方建厂，70年代以后，船舶大型化导致的规模经济的实现和现代海运技术的快速发展，使得铁矿石无须就近供应。特别是80年代以后，由于缺乏原料，使基建、汽车和造船业相当发达的日本和欧洲成为世界重要的铁矿石进口国。80年代末以来，中国也成为极其重要的铁矿石进口国之一。目前铁矿石的流向主要是从澳大利亚、美洲流向远东和欧洲。

煤炭是仅次于铁矿石的第二大干散货，由于其与钢铁工业的紧密关联性，煤炭的海运流向和发展趋势与铁矿石很类似，主要从澳大利亚、北美和南部非洲流向日本、远东、欧洲和地中海等地区。

粮谷则有所不同，它包括小麦、大米、玉米、大豆和高粱等，由于粮谷是农业商品且主要用于人类和动物消费，因此，在路线和流量上呈现出季节性和不稳定性。粮谷的出口地区主要是美国、加拿大、南美和澳大利亚；而进口地区主要是非洲、日本、远东和印度。

铝土矿和磷矿石在五类大宗干散货中所占的比例相对较小，其中铝土矿的海运贸易格局与铁矿石很相似，主要从澳大利亚、非洲和牙买加流向欧洲和北美；而磷矿石则有较大的不同，它们是生产复合化肥的主要原料，主要出口地在摩洛哥、美国、近东和红海；而进口地区主要在东亚、西欧和美洲。

三、干散货特性与要求

根据干散货的分类，对煤炭和矿石、散水泥和化肥及散装粮食的特性分别描述：

（1）在专业化码头装卸工艺中，煤炭、矿石是港口装卸的具体对象，所以煤炭、矿石的特性及对装卸运输的要求有物料的容重、自然坡脚、块度、承受面摩擦系数，将影响机械和抓斗的选用和装卸效果；煤炭和矿石的冻结性经常造成卸货困难，常采取脱水或加热的方法解决；煤炭和矿石的发热性和自燃性，要求将物料及时转堆、翻垛，并留出适当的间隙和消防通道；脆弱性和扬尘性可能会对周围环境产生污染，常采用适当的防尘措施予以避免。

（2）在散水泥和化肥的保管、运输和装卸中，应针对化肥的吸湿性、易燃性和易爆性、水泥的水化和硬化以及化肥与水泥的腐蚀性、扬尘性等特性而采取相应的措施。

（3）在散装粮食的保管、运输和装卸中，应针对粮食的食用性、吸附性、流散性、扬尘性、爆炸性等特性而采取相应的措施。

四、干散货装卸搬运的特点

（一）货物的批量大

在整个物流系统中，干散货的流量占很大比重。流量大造成运输的批量也大，这使干散货港口的装卸搬运量较大。港口的装卸搬运量大有利于采用专业化的作业方式，提高作业效率。

（二）运输工具的大型化

大流量的干散货运输促进了运输工具的大型化，对于船舶而言，已经使一次装载量达到10~40万吨，甚至更大；同时干散货列车也趋向于重载化运输。船舶的大型化和列车重载化对港口作业方式和作业设备造成较大的影响，通过设备的高效化和尺寸的大型化来不断满足运输工具大型化发展的需求。

（三）码头作业系统的发展趋势特征

为了满足大批量的作业需要，干散货码头的作业系统呈以下发展趋势：

1.专业化、高效化趋势

现代化的大型干散货港口主要采用连续作业方式，生产效率很高，带式输送机将各个作业环节连成一个整体，且实现作业的全程自动控制。

2.堆场的大容量化趋势

由于进出干散货的流量非常大，在专用的干散货港口设置大储存量的堆场变得非常必要。为了满足干散货大进大出，在堆场用高效、大型的堆取料设备也是非常必要的。

3.间接换装趋势

货物在港口从一种运输工具转移到另一种运输工具的作业活动称为换装作业；在运输工具之间进行的直接转移是直接换装，而货物在运输工具之间通过库（场）后再进行转移则为间接换装。随着干散货专用港口货物流量的增加，有效衔接各种运输工具之间的换装作业变得越来越困难，间接换装成为主要的作业方式。

第二节 ◉ 干散货码头装卸工艺系统

干散货码头装卸工艺系统包括装卸船工艺、装卸车工艺、堆场作业工艺、辅助作业工艺。由于大宗散货的流向通常是单向的，因此其码头装卸工艺系统的选择应根据货物的流向设计（单向、双向），以满足干散货在港口作业的需求。

一、装卸船工艺

干散货的流向大多是单向的，因此某一具体的干散货码头，要基于流向选择装、卸船工艺系统。如我国煤炭的运输格局是"北煤南运、西煤东运"，所以北方沿海的煤炭码头称为煤炭下水港，南方沿海的煤炭码头则为煤炭上水港。

（一）装船工艺

装船工艺完成干散货在（火）车—船、驳，堆场—船、驳，船、驳—船之间的出口换装作业，常用的装船机械有：移动式装船机、摆动式装船机、固定式装船机。（火）车—船、驳，堆场—船、驳之间干散货的出口装船工艺流程为：

1.（火）车—船、驳

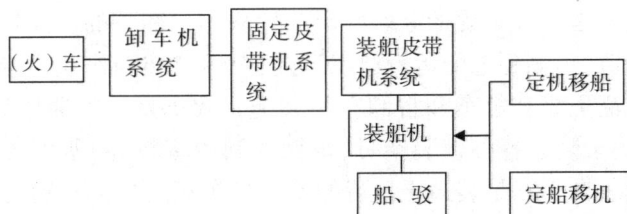

图 4-1　（火）车—船、驳工艺流程

2.堆场—船、驳

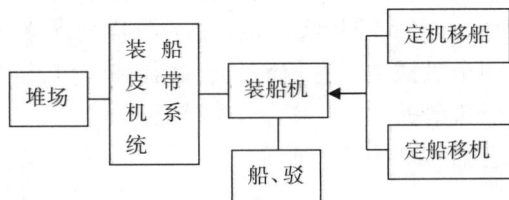

图 4-2　堆场—船、驳工艺流程

（二）卸船工艺

卸船工艺完成干散货在船—（火）车，船—堆场，船—船、驳之间的进口换装作业，常用的卸船机械有：起重机抓斗、链斗提升机、刮板输送机、斗轮卸船机、螺旋卸船机、气力输送机、气带输送机、浆物输送、自卸船等。船—（火）车，船—堆场，船—船、驳之间干散货的进口卸船工艺流程为：

1.船—（火）车

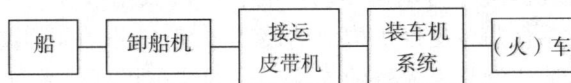

图 4-3　船—（火）车工艺流程

2.船—堆场

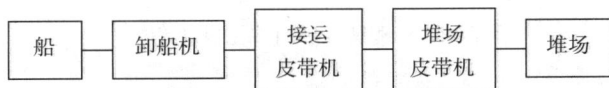

图 4-4　船—堆场工艺流程

3.船—船、驳

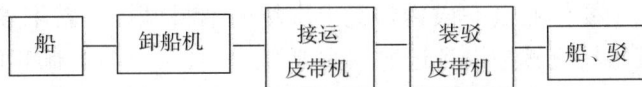

图 4-5　船—船、驳工艺流程

二、装卸车工艺

港口卸车作业是指将火车运抵港口的干散货从车上卸下的作业环节。铁路车辆的类型与构造、车辆到港的运行组织形式，对港口装卸作业有着重要的影响。装运干散货的铁路车辆主要有敞车和自卸车两大类。敞车是一种通用型的车辆，除装散煤和散矿外，还可用于装运各种包装杂货，车辆的利用率较高，所以装运干散货的铁路车辆大部分是敞车。自卸车是装运干散货的专用型车辆，自卸车造价高，回程的载重量利用率低，所以在干散货散运的车辆中，自卸车的比例较少。敞车装货时物料是从车辆上方敞开部分装入；卸货时，既可以从车辆的上方敞开部分卸出，也可以打开侧边的车门卸出。自卸车装运干散货物时物料也是从车辆上方敞开部分装入；卸料时，打开自卸车的底开门，物料自流卸出。在吞吐量大的港口，干散货列车多采用专列直达，一般由30～60节车组成。散货卸车机械主要有：翻车机、螺旋卸车机、链斗卸车机、底开门自卸车、起重机抓斗、简易推杆卸车机等。

（火）车—堆场的工艺流程如图4-6所示。

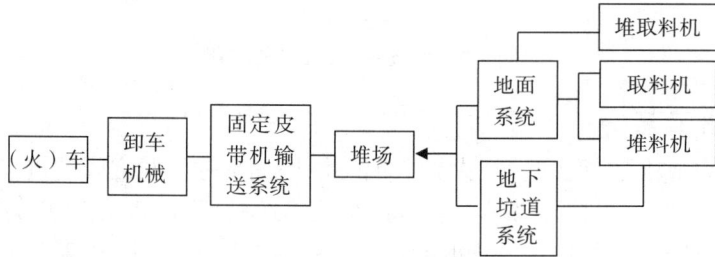

图4-6 （火）车—堆场工艺流程

装车作业可由周期性动作的装车机械完成，如桥式起重机抓斗、门座起重机抓斗、装卸桥抓斗、单斗装载机等；亦可用连续动作的装车机械化系统，包括取料装置、输送装置、装载装置，如高架存仓漏斗皮带机构成的装车系统，一般在装车量较大的港口使用，如青岛港的矿石装车工艺就是由先进的连续动作的装车机械化系统完成。

堆场—（火）车的工艺流程如图4-7所示。

图4-7 堆场—（火）车工艺流程

三、堆场作业工艺

堆场作业工艺是指车—场—船的工艺过程中货物在堆场及堆场—车、船之间完成水平运输的换装作业。

干散货堆场的主要作业是完成物料进出堆场的堆料、取料、转堆等。物料品种、特性和堆存量是决定堆场机械和设备选取的主要因素，而应用的机械和设备不同也会影响物料进出堆场的作业方式和堆存方式，因此两者要相互适应。

干散货在堆场的水平运输主要由皮带输送机完成。堆场作业包括两大系统：地面作业机械化系统、坑道作业机械化系统。

堆料机、取料机和堆取料机与地面带式输送机系统构成了干散货堆场地面作业机械化系统,该系统被国内外大型干散货堆场采用。

采用地面堆场作业工艺系统基本上有两种方式:一是堆取分开,即采用堆料机堆料,取料机取料;二是堆取合一,即堆料和取料由堆取料机完成。在堆取分开的堆场系统中,堆场上的带式输送机通常只需单向转动,而在堆取合一的地面堆场系统中的堆场带式输送机要能做正反双向转动。采用堆取料分开的堆场,在作业上比较灵活,物料的进场和出场可以平行独自进行,能保证卸车堆存、取料装船互不影响,当作业量达到一定数量时,此设备的使用效果更加明显。但在堆存量大的情况下,需要的机械量多,堆场面积有效利用差,尤其堆存量增大是由于保管时间过长时,使用堆取合一的斗轮堆取料机更有利。

坑道作业机械化系统是一种堆料机与坑道皮带机联合作业系统,根据皮带机在坑道中摆放的形式不同分为:V 型存仓坑道—双(或单)臂堆料机系统、L 型存仓坑道—复杂螺旋喂料机系统、平坑道—简易螺旋喂料机系统、仓库坑道—重力输送系统等。

四、辅助作业工艺

干散货码头的辅助作业工艺包括:平舱作业工艺,清舱作业工艺,防尘、防污作业工艺,干散货计量工艺,其他辅助作业工艺。

(一)平舱作业工艺

专用散货船舶的舱口大,用岸上装船机和溜筒即可把船装满。舱口小的驳船,仅是在舱口范围内垂直投送,就不能把船装满,对于这类驳船散货装船就有一个平舱作业的问题。平舱作业就是把装船机垂直送下来的物料,转为水平方向投向舱口四周的甲板下。散货平舱工艺的机械主要有三种方式:一是溜筒平舱机;二是直带式平舱机;三是曲带式平舱机。

(二)清舱作业工艺

不论用抓斗还是链斗或斗轮机卸船,都不可能将舱内物料卸清。因此必须用清舱机械配合作业。清舱机械主要用于将散货卸船机不能直接搜取的散货汇集,以便船舱最后能尽快卸空清扫。散货清舱是目前卸船作业中的一个薄弱环节,尤其是舱口驳和小船,实现机械清舱还十分困难。据了解,目前我国散货卸船清舱量约占卸船量的18%～20%,劳动力占卸船作业的 50%～60%,有个别卸船条件较差的船型,清舱量还大于 20%,劳动力占 70%～80%。要彻底解决清舱问题,根本出路在于改造船型。目前应用较多的清舱机械主要有:WL-65 型喂料机、刮抛机、推耙机、电铲、铲斗车。

(三)防尘、防污作业工艺

干散货不论是块状、粒状、粉状,都存在极细微的粉尘。在装卸过程中,不论是用抓斗、皮带机、翻车机、斗式提升机、堆取料机或坑道漏斗,在对物料抓取、投送或物料经过坑道漏斗自流都会由于冲击和振动而产生粉尘飞扬。如南京港翻车机卸煤炭时,煤粉飞扬扩散的范围在下风向可达 150 m 以上,空气中含煤尘浓度达 1 733 mg/m³。在开敞的露天堆场,在风的作用下,也会产生大量的粉尘。因此,港口露天堆场在防尘方面,主要采取以下方法：

1.喷水防尘

喷水防尘,可以用在物料搬运过程中由于抓取和投送而产生的粉尘,也可用于露天堆场上大面积的防尘。常用的方法是将水雾化喷在物料上或扬尘处,由于粉尘在水雾的包围下,表面相黏结成较大颗粒而自行下落和由于物料受潮湿粉尘相互黏结而减少了飞扬。例如南京港的转子翻车机就是采用喷雾的办法,效果很好。在未用喷露防尘以前,空气中煤尘的浓度为235~1 733 mg/m³,采用喷露以后降为6~13.5 mg/m³,基本上达到了国家规定的标准(10 mg/m³)。对于煤炭来说,大约含水量8%时,在装卸和堆存中就不会发生飞尘。如秦皇岛港务局是我国煤炭出口量最大的港口,作业线长达1 000多米,起尘点多达700多处,粉尘散发面积达3×10⁷ m²,如有风,粉尘要蔓延到城市上空。为解决扬尘问题,该港采用了以进港煤车注水为主、堆场洒水为辅的治理方案。所谓煤车注水,就是在列车进港后在停车线上向煤车注入淡水,然后解体卸车,由于车内煤炭已经均匀湿润,卸车时不再起尘,基本符合国家标准。注水量要根据原来煤炭含水量多少而定,一般50 t煤车注水1.5 t,在1 min左右时间里即可完成。堆场喷洒,主要是均匀地向货堆表面喷水,避免喷水集中而形成小溪。国外,有的在堆场四周,每隔40~60 m装喷水枪,高度有的1.5 m,有的高达20 m,喷水时可以旋转,形成扇面。此外也可以利用喷水流动车,这样场内不必专设固定的喷水枪。由于堆场煤炭经常保持一定水分,特别是表面保持潮湿,所以刮风时就不会起尘。

为了防止污水污染,应修建污水处理池。将堆场流出的污水集中到池中,加以沉淀、过滤等处理。

2.除尘装置与其他措施

物料在运动过程中会因冲击而产生粉尘,例如由漏斗向皮带机上投送物料,由皮带机向另一皮带机上投送物料等均会产生粉尘。除尘系统,就是在这些局部用板围成一个空间,通过管道,将这些地方的含尘空气吸到除尘器中,经过除尘再由风机将清洁的空气送回大气中。

港口散货码头,由于范围较大,要从多方面采取防止污染措施。如港区散货堆场挡风围墙的设置、防风网的设置、堆堆四周设绿化带、码头位置的选择等,都应加以考虑应用,使在投资少的情况下取得好的效果。

（四）干散货计量工艺

干散货的计量工艺根据作业的地点及交接方式不同而使用不同的计量设备,干散货计量机械主要有:电子皮带秤、计量漏斗、轨道衡或地下衡、水尺。

由于煤炭、矿石的运输批量大,装卸输送的效率高,因此很难做到精确计量。最常用的计量方法是船舶水尺目测,这是利用船舶排水量估计物料装卸量的方法,这种计量方法简单,但计量误差大。另一种计量装置是电子皮带秤,这是一种连续式计量设备,它可对煤炭、矿石进行精确计量。计量的精确度国际标准要求达0.1%,尽管实际计量的精确度与此要求尚有一定的差距,但这种计量方式仍是发展的方向。此外,如煤炭、矿石的卡车计量还可用计量精确度较高的地磅。

（五）其他辅助作业工艺

其他辅助作业包括:车辆解冻、扫车作业、破拱作业等。

1.车辆解冻

某些地区冬季寒冷,在运输中由于物料含有水分和运输时间较长而冻结,严重时无法进行卸车。简单的解决方法是在物料中加些防冻剂,如在煤炭中加些重油;在矿石中加一定的生石灰。此外,可采取在车顶盖上草席,在车底和车厢四周侧板上涂蜡等办法,这对卸车情况有一定的改善。但当因水分过多、温度过低、时间过长而冻结严重时,上述办法效果不大。为顺利卸车,应建解冻库,解冻库内的加热方式,大致有以下几种:(1)热风解冻;(2)蒸汽暖管式解冻;(3)煤气或红外线解冻。(其中效率较高的是红外线解冻方式。)

解冻库应设在卸车线紧靠卸车机处,以便在解冻后,立即卸车。解冻速度应该保证卸车速度,例如某港1台翻车机每周期90 s,如用载重100 t的铁制车辆,可设5个车位:在第一个车位处安设1 800 kW电红外线加热器,每个加热器为35~45 kW;第二个车位的加热总功率可少些,为840 kW,也是由35~45 kW加热器组成;其余三个车位为缓解车位。每个车辆的解冻时间为8 min。解冻层达到2~3 cm时即可翻卸。如果翻卸下来的物料仍有冻结大块,则应留在翻车机漏斗格栅上,用小型推土机破碎。

2.扫车作业

各种卸车方式都有不同程度的卸车余量,余量的多少依卸车机型、车型和司机操作熟练程度以及散货的性质而定。

清扫车厢作业目前均靠人工进行,配工人数的多少,以不影响卸车机连续进行生产为原则。随着科技的发展,目前已有火车货厢智能清扫机器人,该类产品未来可能在港口得到使用及推广。

为减少卸车余量,可将螺旋卸车机在螺旋的一侧装刮板,刮板下装橡皮,用其刮扫余量。结果卸车余量由1~1.5 t减至100 kg以下,但是却使卸车时间由3~4 min增至6 min。除了用扫车机外,还可用带有可控硅调速的链斗卸车机来减少卸车余量。

3.破拱作业

存仓中物料起拱,是一个十分普遍的现象,尤其是堆存期长、黏性较大、湿度大的散货起拱更为严重。因而破拱是坑道作业中主要辅助作业之一。

第三节 ◎ 干散货码头装卸机械系统

干散货码头装卸机械系统是指从港口通过能力系统的角度分别研究干散货泊位、库场、搬运、集疏运子系统的装卸船、装卸车、水平搬运、库场作业的装卸机械总和。

一、干散货码头装卸船机械

干散货码头作业的大宗散货的流向大多数时候是单向的,因此干散货的装船机械与卸船机械有所不同。

(一)干散货码头装船机械

干散货码头可以用起重机配抓斗装船,这里重点介绍用连续式装船机装船,连续式装船机主要包括固定式、摆动式及移动式三大类型。

固定式装船机机身不能移动,所具有的各种机构按其功能需要而定,因其作业覆盖范围较小,通常依靠增加设备台数来满足装船需要,基本是一舱一机,必要时则采用移船方式保证作业要求。

摆动式装船机是 20 世纪 60 年代以来在大宗散货专用码头上发展起来的高效专用机械,最早由美国索罗斯公司于 1960 年开始研制,这种装船机是由绕中心转动的桥架设置和在桥架上前后移动的臂架装置所构成。桥架借助于前端回转台车,沿栈桥上的轨道运行和桥架本身绕后端墩柱的支承中心回转而摆动,而整机不沿码头线移动。装船机的臂架装置是由伸缩架前端设有悬臂的构架所组成,内设带式输送机,伸缩架下有轨轮,可沿桥架上的轨道移动。悬臂的俯仰和伸缩架的前后移动,分别是通过各自的绞车和钢丝绳的牵引来实现的。摆动式装船机按前端栈桥轨道的形式不同,分为弧线式装船机和直线式装船机。直线摆动式装船机可形成近似矩形的作业覆盖面,弧线摆动式装船机可形成近似扇形的作业覆盖面。摆动式装船机具有水工结构简单、有利于环保降尘等优点,适用于开敞式码头作业;其缺点是机型结构较庞大、跨距大、设备重量大、单机造价高、移仓作业不灵活、难以兼顾相邻泊位装船作业。

移动式装船机整机可以沿码头前沿行走,可大幅提高装船作业的覆盖面和作业的灵活性。该机型具有完善的臂架伸缩、俯仰机构,回转及整机运行机构,以实现定船移机作业的需要。其特点是:作业十分灵活,平均装船效率较高,技术成熟可靠,便于对准各种舱口位置,有可能在每个泊位上配置较少的台数,且装船时可移到相邻泊位上集中工作,因而在海港直立式码头上得到了广泛的应用。为了供料方便,需要沿码头设置高架栈桥和带式输送机,配备可与装船机一起移动的卸料车和供料带式输送机等设备,因此对码头结构及强度要求较高,后方输送系统也较复杂。

(二) 干散货码头卸船机械

干散货码头卸船机械按其工作特点可分为间歇式卸船机械和连续式卸船机械,从卸船方式分又可分为船舶自卸和非自卸。

1. 间歇式卸船机械

间歇式干散货卸船机械主要有船舶吊杆、普通门机、带斗门机、装卸桥等,专业化干散货码头常用的间歇式卸船方式是带斗门机和装卸桥。间歇式干散货卸船的特点是利用抓斗抓取干散货卸船,因为抓斗卸船的工作循环周期中有一个空返回程,因此称之为间歇式卸船机。

2. 连续式卸船机械

目前使用的连续式卸船机械主要有链斗式卸船机、斗轮卸船机、螺旋式卸船机、夹皮带卸船机、埋刮板卸船机以及气力输送机等多种。

3. 自卸船工艺

散货卸船的关键是清舱。目前使用的卸船机械在船型条件较好的情况下卸货时仍会有 10%～15% 的清舱量需要清舱作业。在清舱阶段,由于物料层较薄,生产率要大大降低。例如,我国使用的 15 t 带斗门机,开舱阶段生产率在 600 t/h 以上,清舱阶段生产率降低到 150 t/h。平均生产率仅为 250~350 t/h。那么能否不用岸上大型卸船机械卸货,且能从根本上消除清舱问题呢,能否通过改造船型在船舱内利用 V 型坑道皮带机原理将散货卸出,这便是自卸船的构思。我国内河驳型小,卸货、清舱特别困难,因此自卸驳应用较早。国外海上自卸船已有较广泛应用。

二、干散货码头装卸车机械

(一)干散货码头装车机械

在装车量较大的港口,可使用高架存仓漏斗皮带机构成的装车系统。高架存仓漏斗下可设一线、二线或三线停车线,如图 4-8 所示,每条线上有若干车位可以同时装货,每一辆车只要几分钟就可装满,如果采用长的装车线,若干车辆同时装车,可具备很高的装车能力。

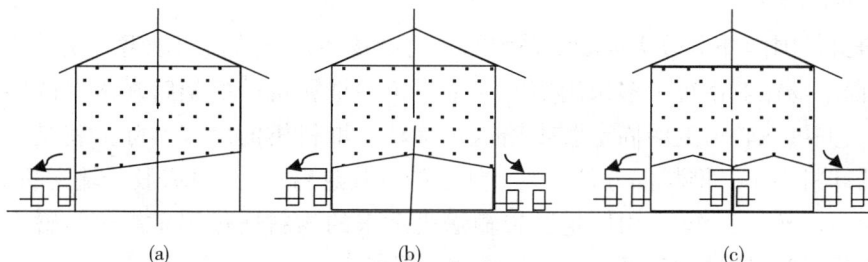

(a) (b) (c)

图 4-8　高架存仓装车线示意图

图 4-9 是每三辆车一组进行装车的方式。物料是由倾斜皮带机 1 供给,并由梭式皮带机 2 分配到各存仓中。由于存仓有一定的容量,所以向存仓中供料及装车作业都有相对的独立性。当车辆停妥以后,房下溜槽 4 打开闸门 3,物料自动流入车辆。当物料进入车辆已接近规定的吨位是即关闭闸门,由前方的牵引绞车 6 牵引列车向前移动。当第一辆车位于轨道秤 5 上后,停车,打开计量存仓下的计量闸门,根据轨道秤的指示,将不足的份额装满。达到规定的吨位后计量闸门关闭。

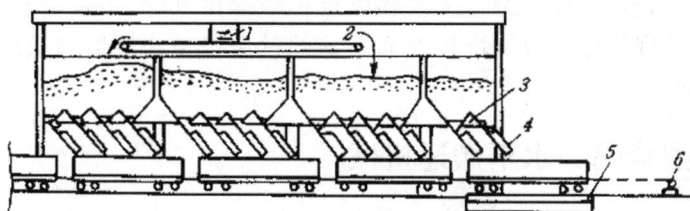

图 4-9　三车一组装车方式

图中:1—倾斜皮带机;2—梭式皮带机;3—闸门;4—溜槽;5—轨道秤;6—牵引绞车

关于装车量和闸门的控制,除用人力外,还可进一步机械化,例如闸门的开闭可以用液压油缸或电机驱动齿轮来实现。溜槽则可以由电动机和绳索卷筒来控制升降。当装货达到预定高度时,物料推动挡板使触点闭合,以电信号通知作业人员关闭闸门。这样闸门的看管就可以集中到司机室内,对改进劳动条件有利。这个信号也可以作为通

57

知调车绞车之用。当车辆进入轨道秤以后,应补充装货,此时向车上溜送的物料,应该用较小的流量,随着轨道秤读数接近规定吨位,流量应不断减少,直到停止。

这种方式在宁波港煤炭码头上使用效果较好。由于该码头每次只给一个车辆装货,所以它不分预装存仓和计量存仓,而是二者合而为一,每辆车的装车和过磅的时间只需 5 min。

(二)干散货码头卸车机械

根据干散货车型不同,干散货码头卸车机械主要有翻车机、螺旋卸车机、链斗卸车机和底开门自卸车等几种。

三、干散货码头堆场作业机械

(一)堆料机

堆料机是国内外干散货堆场常采用的专用设备,有单悬臂、双悬臂和旋臂式 3 种机型,在地面堆场作业系统中多采用旋臂式堆料机。堆料机的机架跨在水平的固定胶带输送机上,并可在轨道上沿固定胶带输送机移动。堆料机的尾车实际上就是固定胶带输送机的卸料小车。堆料部分是机架上伸出的堆料悬臂,臂上设有胶带输送机,悬臂可变幅和左右回转。工作时,由固定胶带输送机运来的物料通过尾车卸至悬臂上的堆料胶带输送机,然后输送到悬臂端部卸出堆放到货场上。

(二)取料机

取料机是专用于堆场取料的设备,常见的是与水平固定式带式输送机配合使用的取料机,但也有流动式取料机。

取料机通常是和堆料机配合使用来完成物料进出堆场的作业,堆取分开的营运费用较低,但是土建部分的投资较大,所以一般适用于堆场外形尺寸长而宽的堆场。

(三)堆取料机

堆取料机是一种配合堆场地面固定皮带输送机系统既能堆料又能取料的专用设备,因此采用此设备可使这个干散货装卸设备化系统机种少,工艺布置简单,又因堆取料效率高,所以是现代化干散货堆场地面系统的常用设备。堆取料机通常有斗轮和门式滚轮两种类型。

四、干散货码头水平搬运机械

皮带输送机是煤炭、矿石装卸作业线的连接装卸船、装卸车、堆场机械和各种储存、给料等作业环节之间的水平运输的转运工具。随着装卸船效率和煤炭、矿石装卸工艺的现代化发展,皮带输送机已具有固定式、大容量、长距离和高效率的特点。如巴西图巴朗矿石码头的皮带输送机系统的矿石输送效率达 16 000 t/h,最高可达 20 000 t/h;挪威的纳尔维克矿石码头的矿石皮带输送机系统的输送效率为 11 000 t/h;我国宁波舟山港鼠浪湖矿石中转码头皮带输送机系统的输送效率达 7 500 t/h。

高效率的皮带输送机对皮带的强度要求高,对皮带的带宽和带速也提出更高的要求,如皮带输送机皮带的宽度可达 3 m 以上,带速可达 4.6 m/s。皮带输送机效率的选用要与装船机和卸船机相适应。

五、干散货辅助作业机械

(一)干散货平舱作业机械

干散货平舱作业机械主要有三种:一是溜筒平舱机;二是直带式平舱机;三是曲带式平舱机。目前,我国各港使用的平舱机,因重量大,大多不直接安装在溜筒末端,而是在使用时用船舶吊杆或起重机吊放到船舶上。

(二)干散货清舱作业机械

干散货清舱作业机械主要有三种:一是刮抛机;二是电铲;三是推土机及推耙机。

清舱机的生产率远低于卸船机。为保证卸船机的生产率,作业应科学地进行组织。图 4-10 为清舱机械配合抓斗起重机的工作程序:当抓斗卸完部分货物①后,即应把清舱机放入舱内。抓斗卸部分货物②时,清舱机将抓斗不能直接抓取的部分货物④取到舱口直下。当抓斗抓取这部分货物和部分货物③时,清舱机再将部分货物⑤送到舱口直下。

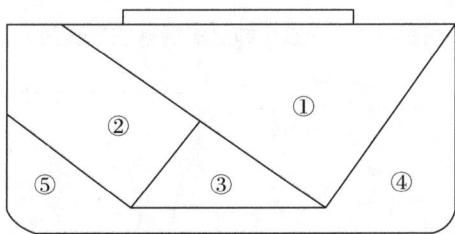

图 4-10　清舱机械配合抓斗起重机的工作程序

(三)其他干散货辅助作业机械

其他干散货辅助作业机械主要包括干散货计量作业机械、干散货破拱作业机械等。

1.干散货计量作业机械

常用的干散货计量作业机械有电子皮带秤、计量漏斗、过磅计量、水尺等。

2.干散货破拱作业机械

常用的干散货破拱作业机械有气吹破拱、疏煤机破拱。

六、干散货码头装卸机械系统

干散货装卸机械系统是组成工艺过程的设备总体。图 4-11、4-12 分别是干散货卸船、装船机械系统流程图,图中可以看出依据不同的装卸工艺过程(直接换装、间接换装)干散货在港口的作业流程不同,完成其换装作业的装卸机械系统亦不同。

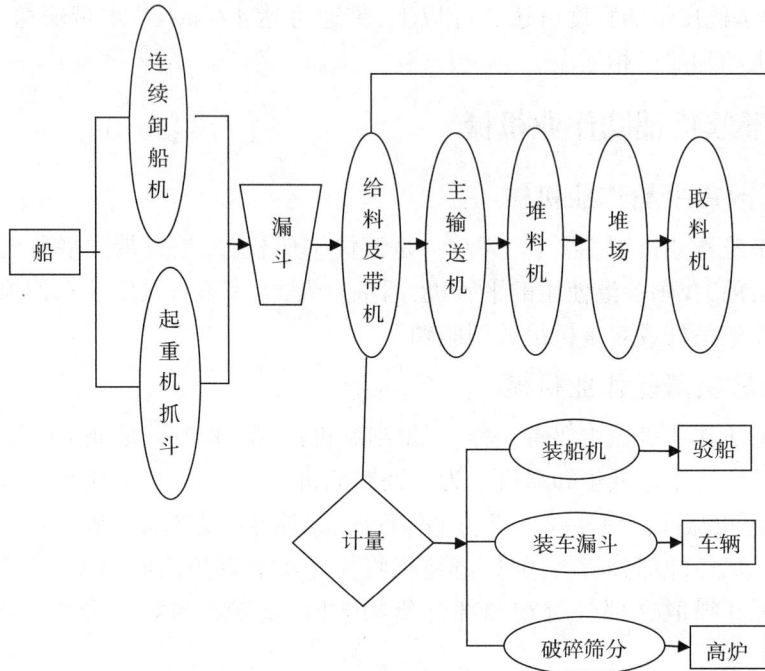

图 4-11　干散货卸船机械系统流程图

图 4-12　干散货装船机械系统流程图

本章小结

　　干散货是指呈松散颗粒（或者粉末）状态的货物。干散货往往是原材料货物，目前主要包括铁矿石、煤炭、粮谷、铝土矿和磷矿石五大干散货及散糖、化肥、水泥、非金属矿物等少量散货。干散货装卸搬运具有货物的批量大、运输工具大型化的特点，因此要求干散货码头作业系统呈专业化、高效化、堆场的大容量化及间接换装的发展趋势。干散货码头装卸工艺系统包括装卸船工艺、装卸车工艺、堆场作业工艺、辅助作业工艺。由于大宗散货的流向通常是单向的,因此其码头装卸工艺系统的选择应根据货物的流向设计(单向、双向),以满足干散货在港口作业的需求。干散货码头装卸机械系统是指从港口通过能力系统的角度分别研究干散货泊位、库场、搬运、集疏运子系统的装卸船、装卸车、水平搬运、库场作业的装卸机械总和。

案例分析

案例1:山东港口烟台港(引自山东港口烟台港官网)

2021年12月22日,山东港口烟台港"全系统、全流程、全自动"全球首创干散货专业化码头控制技术正式发布。这是山东港口努力打造世界一流的"智慧港口、绿色港口"重要指示要求的生动实践,继全自动化集装箱码头后,凭借独立核心技术和自主知识产权,为全球传统码头自动化升级提供的又一示范样本。

烟台港在其西港区40万吨矿石码头投用之初,就锁定了打造干散货全自动化码头的目标。通过自主研发抓斗智能防摇系统,借助抓斗智能防摇计算软件,将抓斗摆动幅度控制在5 cm范围内,突破了抓斗精准控制的技术难题。

通过多机协同和高精度定位技术,率先实现换厢自动翻板、车厢序号自动识别、空车自动跨越、尾车自动翻板弃料,有效减少弃料量,提高作业效率,减少火车在港停留时间。

通过高精度皮带秤、取料策略、PID多机协同控制、动态补偿等手段,有效实现取料过程中流量恒定,可自动实现四种物料的一次性混配,混配精度始终控制在0.2%的国际领先水平。

烟台港自主研发舱内环境识别、设备姿态实时反馈及与卸船机互锁安全策略等模块,实现散货卸船舱内无人作业,司机在后方控制室即可完成船舱内部的清料工作,卸船效率大幅提高,作业更加安全。

烟台港通过全系统、全流程、全自动作业,码头综合作业效率提升8%,船舶平均在港停时压缩6%,港区操作司机缩减30%以上。

分析:根据干散货特性与干散货装卸搬运的特点可看出,干散货作业具有环境恶劣、劳动强度大、劳动力成本高等现状,实现干散货自动化码头升级具有重要现实意义。同时,与标准化的集装箱作业相比,干散货形态不同、运输船舶类型不同等特点要求机械设备操作更加精准,导致全球干散货自动化码头的研发建设难度较大、进程相对缓慢。因此,烟台港干散货自动化码头的技术进步既具有实践价值又具有行业引领意义。

案例2:宁波舟山港鼠浪湖矿石中转码头(引自浙江在线)

鼠浪湖矿石中转码头是我国最大的海上铁矿石中转基地,也是目前国内最大的单体保税混配矿码头。我国的主要钢厂大多分布在沿海岸线和长江沿岸,而处在我国沿海航线和长江航线交汇点附近的鼠浪湖矿石中转码头,具有得天独厚的铁矿石加工中转的优势,吸引着包括矿石供应商、钢厂在内的国内外钢铁业供应链上下游厂商来分享发展红利。

鼠浪湖矿石中转码头卸船泊位总长835 m,建有2个40万吨级铁矿石卸船泊位;装船泊位总长870 m,建有1个10万吨级装船泊位和2个5万吨级装船泊位(水工结构均按靠泊10万吨级散货船舶设计),拥有10幅堆场,有效面积63.4万 m²,可堆存矿石约

600 万吨。码头设计进港航道水深 25.1 m，能满足 30~40 万吨特大型船舶的满载进港需要。

不论是从泊位等级还是堆存能力来看，鼠浪湖码头在宁波舟山港里都是处于领先地位的，甚至在南方港口当中首屈一指。

码头目前拥有 7 台卸船机（额定能力 3 000 t/h）、3 台装船机（额定能力 7 500 t/h）、5 台斗轮机（额定能力为堆料 7 500 t/h，取料 6 000 t/h）、1 台堆料机（额定能力为堆料 7 500 t/h）以及带宽 1.8 m 的带式输送机（额定能力 7 500 t/h），共有 3 条卸船流程、3 条装船流程，作业能力可媲美国内任何铁矿石中转码头，更符合超大型船舶的接卸要求，减少了船舶在泊时间。世界一流的港口设施有效保障铁矿石接卸的安全、高效、有序、快捷。

分析：先进的干散货码头的服务，就是要做到世界上有多大的船就有多大的码头与之配套，以保障干散货换装位移的需求。40 万吨级矿石码头是适应钢铁产业结构调整和船舶大型化发展的需要；是对既有铁矿石运输体系的优化与完善；是降低企业物流运输成本的重要手段。

案例 3：山东港口青岛港董家口港区

（汇总科技日报、人民网、腾讯视频多家报道）

2010 年 8 月 13 日，青岛董家口港区 40 万吨矿石码头引堤引桥工程全线贯通，中国首座 40 万吨级矿石码头在此间诞生。青岛港董家口港区 40 万吨矿石码头项目总投资 38 亿元人民币，码头全长 510 m，宽 40 m，水深 24.5 m，引桥长度 458 m，引堤长度 2 316 m，设计通过能力每年 2 500 万吨，截至 2023 年，董家口港区已经接卸 40 万吨级大船超过 300 艘。

董家口港区拥有国内最大的矿石堆场，堆场面积近 400 万 m^2，堆场货物的周转全靠 7 台多功能的堆取料机，10 500 t/h 的堆料能力和 6 000 t/h 的取料能力在国内首屈一指。作为全国第一个投产运行的 40 万吨级矿石码头，其在卸船机、堆取料机、装船机、装车楼自动化及干散货码头智能管控平台等项目上，发挥科技赋能的力量，已实现堆取料机自动对位、自动扫描、自动规划路径堆料作业、保持恒定流量，适用多货种及复杂工况。目前，堆料过程中，人工干预率基本为零，达到全过程 100% 的自动作业；取料过程中，随时修订目标流量等必要参数，达到全过程 90% 以上的自动作业。同时，自动化操作台可以实现"一对多"控制，随着自动化系统的熟练应用，一名操作员可以接管两台设备的自动作业，将为公司节约 25% 的人工成本。此外，据青岛港负责人介绍，世界最大卸船机自动化升级，抓料效率与人工效率基本一致，大幅降低了司机的作业强度。

智能装船工艺助力安全高效转水。过去，董矿公司装船转水疏港一直采用门机作业模式，为响应国家"构建资源节约、环境友好的港口绿色发展体系"要求，董矿公司绿色环保装船流程工艺项目投产，其中装船机按照全自动装船工艺设计，技术人员采用船舱自动扫描、船舶平衡检测、料高自动检测、视频联动控制等技术，实现单舱自动化装船作业，并通过不断积累船型数据，形成 14 种装船工艺，解决了单舱均匀布料及船舱平衡控制难题。

董矿公司在国内率先实现集装箱型火车的自动装车，解决了车厢流量自适应调节和粉尘光线雨雾干扰等技术难题，确保控制放料时机精准，车厢物料前后均匀，有效避免偏载,极大降低了人工劳动强度和设备损耗,而且将装车精度与效率都提高了10%以上。

2022年2月4日,山东港口青岛港在春节期间接连创出单机效率2 286 t/h,日均火车装车1 095车等多项生产记录。山东港口青岛港科技赋能,提高装卸和疏运效率,全力抓好40万吨级大船作业效率,发挥董家口港区大码头、大堆场优势,不断提升对外服务品质,11条40万吨级大船靠泊董家口港区,相当于全球近20%的40万吨级大船一次性集中靠泊。

分析:先进的干散货码头的服务,首先要做到世界上有多大的船就有多大的码头与之配套,以保障干散货换装位移的需求;其次为提高码头作业效率、降低劳动力成本,干散货码头自动化水平也应不断提高。40万吨级矿石码头是钢铁产业结构调整和船舶大型化发展的需要,自动化干散货码头是干散货码头未来的发展方向。

思考题

1.简述干散货的概念、分类及各类干散货的流向。

2.干散货码头作业系统趋势特征有哪些?

3.干散货的特性有哪些?

4.阐述干散货码头装卸工艺系统。

5.干散货装卸作业中需要哪些辅助作业?

6.试述干散货装卸机械系统。

7.画出干散货装卸船机械系统流程图。

第五章
液体散货码头装卸工艺

🔍 **学习目标**

通过本章的学习,应该能够:

1.描述液体散货的分类及液体散货的发展趋势;

2.掌握石油及其产品的特征;

3.了解常用的石油及其产品的贮存及装卸设备;

4.熟知油船装卸和油罐车装卸方式;

5.熟知原油及成品油的装卸工艺流程。

👤 **问题提出**

液体散货是如何分类的?液体散货运输的发展趋势是什么?石油及其产品有哪些特性?石油及其产品是怎么存放的?装卸石油的主要设备有哪些?原油及成品油的装卸工艺流程有哪些?燃料油的装卸工艺流程有哪些?油品在装卸工艺完成后,怎样避免剩油产生的危害?

第一节 ◉ 液体散货概述

一、液体散货的分类

液体散货主要包括石油及其石油产品、液体化工原料、液化天然气、植物油、其他液体货。

(一)石油及其石油产品——原油和成品油

原油和成品油是液体散货的主要货类,原油、成品油一般又分为:

1.黑油类——原油、燃料油、重柴油、润滑油等。

2.白油类——航空汽油、车用汽油、工业汽油、煤油、轻油等。

黑油、白油应分别配置装卸设备,有时甚至要为每一油种分别配置装卸设备,以杜绝混杂。如果不同油种要共用一套装卸设备,则必须制定并执行一套严格的泵油程序。

（二）液体化工原料

石脑油、醇类、烷类、液化氨、磷酸、硫酸、苯等，这些液体多属于危险性、毒害性、腐蚀性货物。

（三）液化天然气

液化天然气是在炼油或油田生产中产生出来的。液化天然气膨胀到气态时，膨胀系数是原来的 630 倍。液化天然气必须在加压的情况下运输。大体上是在大气压力下，以 -161 ℃ 的低温运输的。

液化天然气由于性质危险，而且温度极低，因此其码头设施必须同港内其他部分完全隔离开来。凡接触液化天然气的码头设施表面，都必须用合金钢制成，以耐受其低温，因为普通钢材在低温下如同玻璃一样脆弱。

（四）植物油

植物油包括许多种，如菜油、豆油、花生油、葵花油、桐油、蓖麻油、棉籽油、椰子油和棕榈油等。

植物油的性质一般比较稳定，不像石油类油品具有危险性、危害性。但是由于品质和比重的不同，有些油类在常温下呈固态，装卸时需要加热。但是不可反复加热和冷却，以免损坏质量。操作温度控制在 15~65 ℃。

（五）其他液体货

1.糖浆：是在制糖时从糖中排出来的一种带黏性的黑褐色糖汁，比重为 1.34，装运糖浆不同于装运植物油。它在装卸、储存时重要的是控制温度。温度在 32 ℃ 以下时糖浆就各变成固体，温度超过 38 ℃ 时就变成焦糖。

2.橡胶乳液：是割胶时从橡胶树上流出来的乳白色黏性树液。它可以与水混合，加氨或甲醛可以防止橡胶乳液凝固。装卸、储存时温度控制在 5~32.5 ℃，罐温通常约为 29 ℃。

二、液体散货运输的发展趋势

液体散货运输的发展对港口规划、装卸工艺有着直接的影响，因此必须给予足够的重视。

（一）油船的大型化

油船船队在世界船队构成中一直是一支最大规模的船队。原油运力由 6 万吨以上油船提供，而载重吨超过 16 万吨级的油船承运的原油占 59%。成品油的运输 60% 是由 6 万载重吨以下的油船运输的。

油船的大型化，船舶吃水越来越深，船舶靠离岸所产生的冲击力也因此增大，因而导致了建设离岸港、增设大型防冲击设备。所以一般油船码头多建为栈桥式或单点系泊。

（二）多用途散货船型的发展

无论是干散货船或液体散货船，在传统的运输组织中，由于货流的单向性，船舶只有单航程载货，返航时空载，特别是船舶大型化以后，空航所造成的能源浪费是相当大的。因此，多种用途的散货船得到重视和发展。这种船型的出现，对码头的型式也产生相应的影响,特别是预测的散货构成不止一种而且液体散货和干散货的运量可能建在一个码头上的时候,就没有必要分别单独建立泊位,可以大大节约投资。

(三) 码头的建设、工艺流程自动化和智能化

由于大型码头离岸很远,所以需要配备完善的通信系统。装卸工艺流程向半自动化、自动化和智能化的方向发展,船舶装卸作业过程实现自动、智能控制。

液体散货,大多数是属于危险性货物,因此,它们的装卸需要在专门的码头上进行,不允许同一般货物在普通码头上装卸。大型的石油码头都建设在远离居民稠密区的隔离地带。一般规定危险货物装卸和堆存区与其他港区之间有安全距离。如从原油和成品油泊区到办公楼、杂货码头或客运码头应保持的最短距离约为 1 000 m。液化石油气重于空气,而且爆炸力很强,离开敏感区域的最短安全距离估计应为 3 000 ~ 4 000 m。液化天然气爆炸力较弱,所需的安全距离短于液化石油气。

装载原油、液化气的船舶通常是港口接纳的最大船只,而且载运货物的危险性要求如下:

(1)港区有足够的安全航行范围;(2)配备完善的航行辅助设备,如领航、拖带和缆索操纵设施;(3)在这些船舶的航行期间进行交通限制,如进港和离港的限定时间和潮汐空隙,或单道交通;(4)泊位选在不可能同其他船舶发生碰撞的位置。

液体散货码头规模的确定是不同于其他货类的。所需要的泊位数和设备并不是与将要装卸的液体散货总量直接有关。因为它们的分类、同一类货物的不同等级,必须分别储存,装卸设备也不能通用,因此港口装卸设备的能力往往不能同液体货总量之间建立数量关系。

液体散货码头的主要问题:一是安全问题,二是防污染问题,三是工艺流程自动、智能控制问题。

第二节 ◎ 石油及其产品

随着世界经济的发展及能源的需求,海上液体散货运输呈现快速上升的趋势,在国防、工业、农业、交通运输和人民需求方面起着越来越重要的作用。在液体散货运输中,石油及其石油产品占据了绝对优势。它的作用已渗透到人类生活的一切领域,被称为"工业的血液",是工业的主要能源之一。石油及其产品有以下特性:

一、产生静电性

石油沿管线流动摩擦,在管壁上会集聚静电荷;石油从油管中流出冲击金属容器的某个部位,就会在容器壁、底部和油流附近集聚静电荷,石油或石油微滴飞溅与空气摩擦,也会产生静电荷;石油在油库、油船中连续震荡,在其容器的各部位也会产生不等的静电荷。

影响产生静电荷多少的因素很多:油品带电与油管内壁粗糙程度成正比,油管内壁越粗糙,油品带电就越多;油品在管道内的流速越大,流过的时间越长,产生的静电荷越

多,反之越少;油品温度越高,产生的静电荷越多,但是柴油的特性相反,温度越低,产生的静电荷越多。当静电集聚到一定电位时,会产生静电放电,放电产生的火花对聚有大量石油蒸气的作业场所来说,很容易引起石油蒸气着火或爆炸,所以静电放电导致石油火灾的危险性很大,必须充分认识,切勿掉以轻心。

为了防止静电积聚,油罐、油管、油泵等储油、输油设备必须有可靠的接地装置,将摩擦产生的静电导入地下。

二、易燃性

石油及石油产品的易燃程度可以用闪点、燃点及自燃点来衡量。闪点即在通常大气压力下,油品蒸发出来的油蒸气与空气混合后,与火焰接触闪出蓝色火花并立即熄灭时的最低温度;燃点即在通常大气压力下,油品蒸发出来的油燃气与空气混合后,与火焰接触而着火并继续燃烧不少于 3 s 时的最低温度;自燃点则是在通常大气压力下,将油品加热到某温度,不用引火(即不接触火焰)也能自行燃烧时的最低温度。油品的闪点、燃点、自燃点越低,越容易燃烧,火灾危险性就越大。

三、爆炸性

油品蒸发出来的油蒸气同空气以一定的比例混合后,达到爆炸极限时的浓度与火焰接触即发生爆炸。

绝大部分油品的爆炸下限在 1%~6%,如果蒸气泄漏在空气中,即使量不是很大,也容易达到爆炸极限,具有很大的爆炸危险。为了安全,只要油蒸气在空气中的含量达1%,就应认为有着火爆炸的危险。所以,为确保安全装卸,应随时注意防止油品的"跑、冒、滴、漏"。

四、挥发性

石油和石油产品具有蒸发性。在通常大气压力和常温环境中,易于蒸发的石油叫蒸发性石油,否则就叫非蒸发性石油。国际标准规定,凡闪点低于 60 ℃ 的油品,定为挥发性石油(汽油及绝大多数原油);闪点高于 60 ℃ 的油品,定为非挥发性石油(柴油、燃料油、润滑油等)。掌握石油的挥发性对安全操作有重大意义,因为石油燃烧的是其气体而不是油液本身,所以越容易挥发的油品危险性越大。石油蒸气的挥发会引起数量减少,质量降低,同时增加了燃烧、爆炸的危险。

五、黏性

黏性决定油品的流动性。黏性小容易流动,如石油;黏性大不容易流动,如某些原油及不透明的石油产品。表示油品黏性大小的指标是黏度,它对装卸作业有很大的影响,如储运燃料油或原油时,由于黏度较大难以装卸。但是,温度对油品黏度影响较大,温度升高,油品黏度变小,温度降低,油品黏度增大。因此,在装卸的时候,可采用加热的办法以降低黏度。加热的温度越高,油品的黏度越小,流动性越好。但加热过高,不仅会使大量的轻质成分被蒸发掉,还会产生气阻,从而降低流速,甚至影响泵的运转,同时,也会损伤船体。某些高黏易凝原油及重质油品含蜡量高,黏度大,储运中普遍采用加热、保温的办法防止散热,便于装卸。

六、毒害性

人大量吸入石油蒸气能造成中毒或死亡。含有四乙铅的汽油蒸气毒害性很大,能通过皮肤接触使人中毒。石油的毒性与挥发性有密切关系,易挥发的油品毒性大。预防中毒的措施是:(1)减少石油蒸气和呼吸器官的接触;(2)减少皮肤同油品的接触;(3)严格执行安全作业和保健制度;(4)采取防止石油及其蒸气污染扩散的措施。

七、膨胀性

通常用膨胀系数表示各类油品热胀冷缩的特性。所谓膨胀系数是指温度每变化1 ℃时,体积变动的倍率。

$$\beta = \frac{V_1 - V_0}{V_0(t_1 - t_0)} \qquad (5.1)$$

式中:β——膨胀系数;t_0——初始油温(℃);t_1——变动油温(℃);V_0——初始油温时体积(m^3);V_1——变动油温后的体积(m^3)。

油品的膨胀系数与温度及油品性质有关,油品越轻(比重越小),膨胀系数越大。油品的膨胀性对储运工作有很大影响,一般储油罐应根据β控制液面。保持油管内液面与罐顶间留有适当的富余空间供膨胀需要。否则会因油品膨胀而发生外溢,造成油损和污染事故。

因此,一切油罐不能按其总容量储存油品,即不能满罐储存,应按安全容量储存。

八、腐蚀性

有些油品中(如汽油)含有水溶性酸碱、有机酸、硫及硫化物,可能引起对船体材料的腐蚀。

九、纯洁性

石油及其产品在装卸过程中要求具有高度的纯洁性,往往某一种石油产品和另一种混合时,会失去原有的特性而发生质变。所以在装卸过程中要特别注意不能让不同品种等级的石油产品混在一起,并要保持清洁,不要让污染物混入油内。

油船及油罐车装载过某一品种石油再换装另一种石油时,要进行清洗。油库、油罐及油管在有条件的港口最好是按所装的油类专用。在换装不同品种石油时,也必须进行清洗。对清洗的要求,应根据换装的油类品种等级而定。清洗的方法一般采用蒸气冲洗、水冲洗及人工扫除等,其中以蒸气冲洗效果最好,但成本较高,通常只用于对清洗要求较高的石油品种(如汽油、润滑油等)。由工人直接进入船舱(或油库、油罐车)内进行清洗时,要特别注意防毒工作,尤其在清扫装过汽油的船舱(或油库、油罐车)时,一定要先打开活门,把里面的汽油蒸气放掉,然后再进去清扫,必要时还要戴防毒面具,穿防毒衣服。

由于石油和石油产品具有以上一些特殊性质,所以使得它们的储运和装卸显得特殊与复杂。

石油装卸区必须与工业区和居民区分开,而且应设置在港区码头的下游地方,其分开的距离应根据石油等级和港口具体条件而定。在石油装卸区内要设置专门的消防设备和配备足够数量的消防人员。在装卸及保管过程中,要特别注意防火保安工作。生产人员必须严格遵守生产操作规程和有关安全条例,以确保石油装卸生产的安全和任务的胜利完成。

第三节 ◎ 石油贮存与装卸设备

一、石油贮存设备

由许多油罐组成的贮油库是油港的重要组成部分,在那里大量的油品按种类分别贮存在不同的油罐内,在满足消防要求的前提下,贮油库至码头距离应尽可能近些,油罐之间距离要尽可能小些。

(一)油库容量的选定

对原油出口码头,油库容量可按下式确定:

$$V_库 = \frac{Q_年 \cdot k_不 \cdot k_库}{T_天 \cdot \gamma \cdot \eta} \cdot t_存 \tag{5.2}$$

式中: $V_库$——油库的总容量,m^3;

$Q_年$——年货运量(自然吨),t;

$k_不$——油品月不平衡系数;

$k_库$——油品入库系数,d;

$T_天$——油罐年工作天数,在不冻港是指日历天数减去油罐维修天数,d;

γ——油品重度,t/m^3;

η——油罐的容积利用系数,通常考虑油罐的底油、底水、油罐允许最大装油高度等,一般金属油罐 $\eta = 0.85$,非金属油罐 $\eta = 0.75$;

$t_存$——油品在库的最大平均贮存期限。一般的,铁路运输进港,$t_存 = 7$ d;长距离轴油管线进港, $t_存 = 2 \sim 5$ d。采用油船运输时,必须考虑水运的特殊问题,对于结冻河港应考虑到停航期间的油品外运问题,对于不结冻的河港或海港,应考虑到因台风影响油船不能按时到达的安全系数,并且不得小于同时到达的全部油船的最大运输量。

对原油进口码头,油库容量可按下式确定:

$$V_库 = \frac{\sum Q_船}{\gamma \cdot \eta} \cdot k \tag{5.3}$$

式中: $V_库$——油库的总容量,m^3;

$\sum Q_船$——同时卸油油船载重量之和,t;

γ——油品重度,t/m^3;

η——油罐的容积利用系数,一般金属油罐 $\eta = 0.85$,非金属油罐 $\eta = 0.75$;

k——疏运不平衡系数。原油卸船入库,经管道输送中转时,可取 $k = 1$;原油卸船入库,装铁路油罐车时,k 一般应按统计资料分析确定。当无资料时,可取 $k = 1.1 \sim 1.3$。

油罐数可按下式计算:

$$n \geqslant \frac{V_库}{V_罐} \tag{5.4}$$

式中:n ——油罐数量,座;

$V_罐$ ——油罐的设计容积,$m^3/$座。

在实际工作中,油罐数不宜少于 2 座,以适应倒罐、检修等生产上的需要。$V_罐$ 按油罐系列选取。为节约投资,方便操作,减少占地面积,在满足工艺要求的前提下,合理确定油罐个数。较大吨级的泊位应配置较大罐容的油罐。

(二)油罐的形式

1.从建筑形式上分有:地下式油罐、半地下式油罐及地上式油罐。

2.从建筑材料上分有:金属油罐及非金属油罐。

(三)油罐附件

为了便于生产管理,保证安全,油罐应设置温度、液位等控制仪表及报警装置。为了保证油罐正常工作,应设置必要的附件,这些附件主要有梯子、栏杆、人孔、透光孔、量油孔、进出油短管、机械呼吸阀、液压阀、放水低阀、防火泡沫箱等。为了保证安全,油罐还装有静电接地装置。大容积地面油罐还装有避雷针。

二、石油装卸设备

装卸石油的主要设备是油泵、管道、管线及附加设备、油罐、输油臂等。

第四节 ◉ 液体散货装卸工艺及流程设计

一、液体散货装卸工艺

(一)油船装卸工艺

在国内外油港,油船装卸方式可分为:

1.靠码头直接装卸。目前我国大部分油码头均采用这种方式。

2.通过海上泊地装卸。海上泊地可理解为在离开陆域较大水深地点设置的靠船设施。油船的海上泊地,按其构造形式及输油管方式分类如表 5-1。

表 5-1　按构造形式及输油管方式分类

构造形式		输油管方式
固定式	靠船墩式	海上或海底油管
	栈桥式	海上油管
浮标式	单点系泊式	海底油管
	多点系泊式	海底油管

靠船墩式是将具有靠岸机能的设施(靠船墩)、具有系船机能的设施(系船墩)、具有装

卸机能的设施(装卸栈桥)等各自独立地设置,以系泊船舶、通过输油臂进行装卸作业。

栈桥式则为上述独立设施的全部或一部分由栈桥承担的方式。

单点系泊式是油船的船首系在一个浮筒上的方式。随着风、潮流的变化,油船可绕浮筒做360°自由回转,具有代表性的(IM-ODCO)浮筒,其名称是来自发明此种浮筒的公司 International Marineand Oil Development Co.(瑞典)的字头缩写。此方式是用一根或数根水下软管将海底油管接至浮筒,浮筒与油船的集合管之间则用海上软管相接。

多点系泊式是将油船的船首与船尾用数个浮筒保持在一定方向的系泊方式。海底输油管与油船的集合管由一根或数根软管相接。

3.水上直接装卸:如船—船直接装卸,船—驳直接装卸。海上大量石油运输是专用油船来进行的,油船都备有高效率的油泵。现在国外油船每小时装油或卸油能力多选用油船载重量的1/10或稍多,载重吨位为6万吨级的油船每小时卸油 6 500 m^3,载重吨位为20万吨级的油船每小时卸油 15 000 m^3。我国 24 000 t 油船的自卸时间平均为16.5 h。我国石油装船一般用设在岸上的油泵,向10万吨级油船装油用4台油泵,每台生产率为 3 000 m^3/h,用10个多小时可装满。装原油、重油及轻油多用离心泵,所装重油的流量较小时,也有用活塞泵的,装卸润滑油用齿轮泵。

(二)油罐车装卸工艺

1.装车方式

目前我国大部分铁路轻油罐车均无下卸口,故采用鹤管上装为主。罐装方法有泵装和自流装车。自流装车是在有条件的地方,利用地形高差自流罐装。用小鹤管(Dg100)每批车的装油时间为 25~30 min,流速为 3.5~4.2 m/s,极限最快 20 min,流速为 5.2 m/s。每批车的装车时间为 25~120 min。每批车的进出调车时间为 0.5~1.0 h。

2.卸车方式

(1)原油及重油卸车:有密闭自流下卸方式、敞开自流下卸方式与泵抽下卸方式。

密闭自流下卸流程如下:油罐车→下卸鹤管→汇油管→导油管→零位罐→转油泵→油罐。敞开自流下卸流程如下:油罐车→卸油槽→集油沟(或导油管)→零位罐→转油泵→油罐。泵抽下卸流程如下:油罐车→下卸鹤管→集油管→导油管→卸油泵→油罐。

(2)轻油卸车:轻油卸车均为上卸,设卸油台,卸油台与装油台基本相似。

上卸的方式分为虹吸自流卸油和虹吸泵抽卸油两种。

虹吸自流卸油:当油罐位于比油罐车更低的标高时,可利用卸油竖管作为虹吸管将油罐车中的油品卸入油罐中,虹吸管中的负压由真空泵来达到。

虹吸泵抽卸油:当油罐车的标高及位置无法使油品自流入油罐时,可采用泵抽卸油。如采用非自吸式离心泵卸油,则必须装置真空泵,使吸入管造成真空,如采用自吸式的泵,则可不装真空泵。

二、原油及成品油装卸工艺流程

我国油港的原油及成品油装卸一般具有下列几个主要工艺流程,设计时应根据具体条件予以考虑。

（一）装船流程

装船应根据来油情况判断是卸油罐车,还是长输管线来油;油品是进油罐,还是直接装船;是否要进加热炉加热等不同情况组成各种工艺流程,如图5-1所示。

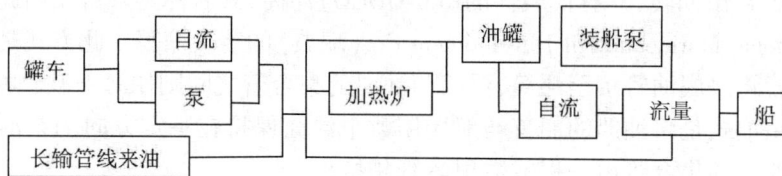

图5-1　装船流程

（二）卸船流程

卸船一般用船上泵,根据油品是否进油罐,以及去向是装罐车,还是进炼油车间等情况组成不同的工艺流程,如图5-2所示。

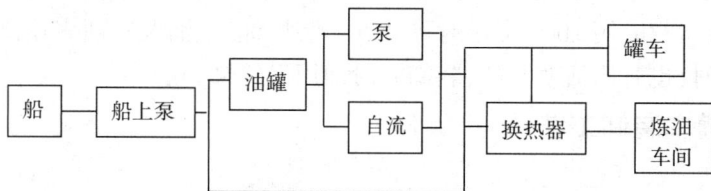

图5-2　卸船流程

（三）循环流程

油区建成后,在正式投产前必须进行试运转,将油品在油区内打循环,检查各环节运转是否良好。在投产以后,为避免原油在油罐内凝固,在不进行船舶装油作业时,也必须保持码头油库及油罐内油品不断循环流动,如图5-3所示。

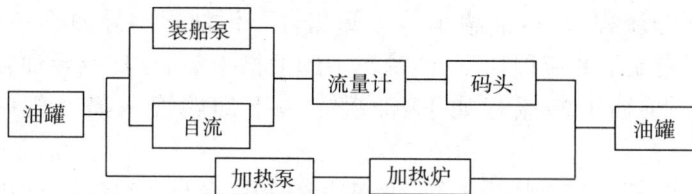

图5-3　循环流程

（四）倒罐流程

在油区经营管理上,有时需要将某一油罐的剩油供到另一油罐中去,因此,需要安排倒罐流程,如图5-4所示。

图5-4　倒罐流程

(五) 反输流程

在长输管线来油情况下,为了在油罐与末站之间打循环,以及通过末站计量罐为外输油品计量,需要反输流程,如图5-5所示。

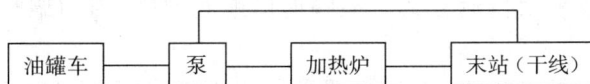

图 5-5　反输流程

(六) 罐车事故卸油流程

在油罐车装油过程中,一旦发生事故,应立即把油品抽回油罐,罐车事故卸油流程如图5-6所示。

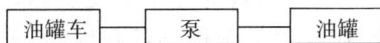

图 5-6　罐车事故卸油流程

三、燃料油装卸工艺流程

为船舶供应燃料是港口的任务之一。在油港或港口的石油作业区常建有燃料油供应系统。船舶常用的燃料油主要有内燃机燃料油、轻柴油、重柴油、渣油等几种,每种油品又各有不同的牌号。

由于油品性质不同,内燃机燃料油、轻柴油、重柴油、渣油分三套单独的管线和泵,内燃机燃料油和重柴油的管线和泵可以混合使用。卸油时要用单独的管线和泵,分别进入各自的油罐;装船时两种油要调和成一定比例。因此在燃料油供应系统中除油罐外,还要设置调和罐,油品在罐内用压缩空气搅拌调和。内燃机燃料油、重柴油、渣油可以用钢筋混凝土油罐,轻柴油则必须用金属油罐。

我国燃料油的主要装卸工艺流程如下:

(一) 卸车装船工艺流程

燃料油品自罐车卸入油罐,然后自流或泵为船舶供应。对于需求很少的某些燃料油品,可以考虑不采用管线装船,而自流装桶或自流装汽车罐车,然后为船舶供应的工艺。其工艺流程如图5-7所示。

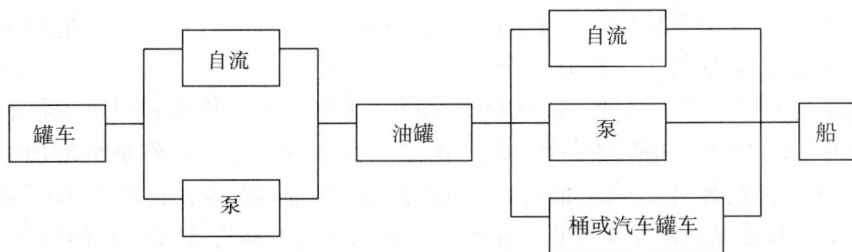

图 5-7　燃料油卸车装船工艺流程

(二) 卸船装驳船工艺流程

从油船卸油可用船上的泵。若储油区离码头距离不远、高差不大,可用油船上的泵直接将油输送至储油区。若储油区距码头高差较大或距离较远时，一般在岸上设置缓冲油罐，利用船上的泵先将油料输入缓冲罐，然后再由中继泵将缓冲罐中的油料输送至储油区。

向船上装油一般采用自流方式。某些港口地面油库，因油罐与油船高差小，距离远，需用泵装油。

油船装卸工艺流程应满足下列基本要求：可同时装卸不同油料而不相互干扰；管线和泵可相互备用；发生故障时能迅速切断油路，并有有效的放空设施。

油船装卸油必须在码头上设置装卸油管路。每种油料单独设置一组装卸油管路，在集油管线上设置若干分支管路，支管间距一般为10 m左右，分支管路的数量和直径，以及集油管、泵吸入管的直径等，应根据油船、泊驳的尺寸、容量和装卸油速度等具体条件确定。在具体配置时，一般将不同油料的几个分支管路（即装卸油短管）设置在一个操作井或操作间内。平时将操作井盖上盖板，使用时打开盖板，接上输油软管。卸船装驳船的工艺流程如图5-8所示。

图5-8　卸船装驳船工艺流程

（三）油品调和装船工艺流程（见图5-9）

图5-9　油品调和装船工艺流程

（四）倒罐工艺流程（见图5-10）

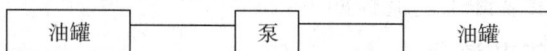

图5-10　倒罐工艺流程

不论是原油和成品油的装卸工艺流程，还是燃料油的装卸工艺流程，在装卸作业结束后，管线内的剩油都需要扫回油罐，或将输油臂内残油扫入油船，即所谓扫线作业。之所以需要扫线，是有各种原因。有的是为了防止油品在管线内凝结，有的是为了避免和下次来油混淆，有的是为了检修安全。

扫线介质主要有如下几种：蒸汽、热水、海水、压缩空气。热水和海水置换有利于把位于四处的管线内的剩油清扫干净。但不论是热水、海水，还是蒸汽都会增加油品的含水量，影响炼油厂的作业。除汽油外，其他成品油、原油、燃料油品均可用压缩空气扫线。但对留线布置纵断面呈下垂凹形的地方，压缩空气不易将此部位剩油扫清，因此在留线布置时要注意尽可能避免在纵断面上呈现下垂凹形的死角。

在我国某些油港也有用打循环的方法使原油不断在管线内流动，以防止油凝结在管线内。采用这种方法可以不设置别的扫线装置，以减少投资。但油泵需要不间断地运转，从而增加了营运费用，因此从经济方面分析，采用打循环的方法是否合理，需要根据具体条件进行比较论证。

本章小结

液体散货主要包括石油及其石油产品、液体化工原料、液化天然气、植物油、其他液体货。液体散货运输的发展趋势是油船的大型化、多用途化、码头工艺流程自动化。石油及其产品具有产生静电性、易燃性、爆炸性、挥发性、黏性、毒害性、膨胀性、腐蚀性、纯洁性等特殊性质,所以使得它们的储运和装卸显得特殊与复杂,生产人员必须严格遵守生产操作规程和有关安全条例,以确保石油装卸生产的安全和任务的胜利完成。装卸石油的主要设备包括油泵、管道、管线及附加设备、油罐、输油臂等。液体散货装卸工艺主要指油船装卸工艺、油罐车装卸工艺;原油及成品油装卸工艺流程由装船流程、卸船流程、循环流程、倒罐流程、反输流程、罐车事故卸油流程组成;燃油料装卸工艺流程包括卸车装船流程、卸船装驳船流程、油品调和装船流程、倒罐流程。

液体散货码头装卸工艺自动化程度较高,作业时要时刻注意保障安全、避免环境污染。

案例分析

案例 1:7.16 大连新港火灾事故(引自百度百科)

2010 年 7 月 16 日 18 时 10 分,辽宁省大连市开发区新港镇输油管道发生爆炸引发火灾。起火爆炸事故牵动了中央领导的心。

在这场生与死、血与火的考验面前,4 200 名参战消防官兵和公安民警在党政领导的带动下,充分发挥铁军精神、铁军意志和铁军战斗力。17 日 9 时许,经过 15 h 的连续奋战,大火被成功扑灭。在整个扑救过程中,现场储油罐只损毁了一个,且在救援过程中没有出现人员伤亡,没有一名消防战士非战斗减员,创造了我国乃至世界火灾扑救史上的奇迹。

国家安监总局和公安部 23 日在通报大连中石油输油管道爆炸火灾事故经初步分析的原因时说,在油船已暂停卸油作业的情况下,负责作业的公司继续向输油管道中注入含有强氧化剂的原油脱硫剂,造成了输油管道内发生化学爆炸。

通报在介绍事故简要经过时说,事发时,新加坡太平洋石油公司所属 30 万吨"宇宙宝石"号油船在向大连中石油国际储运有限公司原油罐区卸送最终属于中油燃料油股份有限公司的原油;中油燃料公司委托天津辉盛达石化技术有限公司(简称辉盛达公司)负责加入原油脱硫剂作业,辉盛达公司安排上海祥诚商品检验技术服务有限公司大连分公司(简称祥诚公司)在国际储运公司原油罐区输油管道上进行现场作业。所添加的原油脱硫剂由辉盛达公司生产。

7 月 15 日 15 时 30 分许,"宇宙宝石"号油船开始向国际储运公司原油罐区卸油,卸油作业在两条输油管道同时进行。当天 20 时许,祥诚公司和辉盛达公司作业人员开始通过原油罐区内一条输油管道(内径 0.9 m)上的排空阀,向输油管道中注入脱硫剂。

7 月 16 日 13 时许,油船暂停卸油作业,但注入脱硫剂的作业没有停止。18 时许,在注入了 88 m³ 脱硫剂后,现场作业人员加水对脱硫剂管路和泵进行冲洗。18 时 8 分许,靠近脱硫剂注入部位的输油管道突然发生爆炸,引发火灾,造成部分输油管道、附近储罐阀门、输油泵房和电力系统损坏和大量原油泄漏。事故导致储罐阀门无法及时关闭，火灾不断扩大。原油顺地下管沟流淌，形成地面流淌火。事故造成103号罐和周边泵房及港区主要输油管道严重损坏，部分原油流入附近海域。

安监部门和公安部的通报指出，经初步分析，此次事故的原因是，在"宇宙宝石"号油船已暂停卸油作业的情况下，辉盛达公司和祥诚公司继续向输油管道中注入含有强氧化剂的原油脱硫剂，造成输油管道内发生化学爆炸。事故具体原因正在进一步调查分析中。

两部门表示，这起事故虽未造成人员伤亡，但大火持续燃烧15 h，事故现场设备管道损毁严重，周边海域受到污染，社会影响重大，教训极为深刻。

通报指出，事故暴露出诸多问题：一是事故单位对所加入原油脱硫剂的安全可靠性没有进行科学论证；二是原油脱硫剂的加入方法没有正规设计，没有对加注作业进行风险辨识，没有制定安全作业规程；三是原油接卸过程中安全管理存在漏洞，指挥协调不力，管理混乱，信息不畅，有关部门接到暂停卸油作业的信息后，没有及时通知停止加剂作业，事故单位对承包商现场作业疏于管理，现场监护不力；四是事故造成电力系统损坏，应急和消防设施失效，罐区阀门无法关闭。另外，港区内原油等危险化学品大型储罐集中布置，也是造成事故险象环生的重要因素。

为吸取事故教训，切实加强危险化学品各环节安全生产工作，安监总局和公安部要求各地严格港口接卸油过程的安全管理，确保接卸油过程安全；持续开展隐患排查治理工作，进一步加强危险化学品各环节的安全管理；深刻吸取事故教训，合理规划危险化学品生产储存布局；切实做好应急管理各项工作，提高重特大事故的应对与处置能力。

分析：油品码头安全生产至关重要。基于石油的爆炸性、挥发性、易燃性、有毒性等特点，在石油的装卸过程中要求各部门密切配合，强化生产组织管理，以避免不必要的损失。

案例2：青岛港董家口原油码头（二期）与原油商业储备库（二期）投产使用

（引自青岛政府新闻号）

2021年8月23日，原油码头二期正式投产运营。当天，装载着近5万吨低温丙烷的大型液化气冷冻船"萨米特"号成功靠泊青岛港董家口港区D24泊位并接卸成功。此次投产的原油码头二期，包括一座30万吨级油品泊位，水工结构按靠泊45万吨级油船设计，泊位长度为455 m和一座10万吨级油品泊位，水工结构按靠泊12万吨级油船设计，泊位长度为304 m，年设计通过能力为2 550万吨。在原油码头二期投产运营后，董家口港区油品码头设计年通过能力突破5 500万吨。

2022年11月26日，原油商业储备库二期正式投产，新建24座10万 m³浮顶油罐，主要储存原油、燃料油及稀释沥青，新增库容240万 m³。原油商业储备库二期投产运营后，董家口港区库区设计年存储能力突破906万 m³，将进一步提升青岛港原油码头作业能力，有效释放港区罐容，扩大服务优势。

分析：液体散货码头经营者要时刻关注船队变化，尤其是大型油船的订单。港口需要建造新的原油码头以满足最大船舶进港的航道、码头前沿水深及装卸作业的需求；建造新的油品罐区提升原油储备和周转能力，推进省级石油战略储备安全体系和炼化企业石油风险采购体系建设,为持续拓展服务功能、延伸服务领域,加快建设世界一流的海洋港口注入动力。

新码头和储备库的扩建也落实了习近平总书记"加快建设世界一流的海洋港口"的殷切嘱托,贯彻落实省政府战略发展规划的实际行动,践行"三个满意""三个更加",服务地方经济社会发展的生动实践,对充分发挥港口枢纽作用,保障国家战略原油储备安全、稳定供应,促进港产城融合发展具有重要意义。

案例3:全球最大VLCC"泰欧"(TIEurope)轮首靠大连港 (引自观察者网)

2017年3月1日12时15分,全球最大VLCC"泰欧"轮挂靠大连港45万吨级原油码头,这是该油船首次靠泊中国北方港口。"泰欧"轮在大连港卸载的货种为"巴士拉重质"原油,共7万吨。据介绍,比利时籍45万吨油船"泰欧"轮建造于2002年,船长380 m,宽68 m,载重能力44.15万吨,满载吃水23.586 m,为目前全球在航最大船舶,被誉为海上"巨无霸"。

"泰欧"轮所停靠的码头为大连港新港港区22号泊位,该码头是2010年投产使用的中国第一座45万吨原油码头,也是国内最大的原油接卸码头之一。这一原油码头由大连港股份公司(02880.HK)和中石油(601857.SH;00857.HK)大连国际事业公司共同投资建设,泊位设计年通过能力为1 900万吨,设计水深27 m,通过引桥与陆域相连,码头总长447 m,引桥长200 m,可进行10~45万吨级船舶的靠泊作业。

分析:随着国际航运业的发展,现代化的造船技术日益精湛,船舶日趋向大型化发展。我国各港口集团也陆续开始建设45万吨级原油码头,如:宁波舟山港大榭港区、青岛港董家口港区等。这些原油码头的建设承载着我国能源安全的使命,为适应船舶大型化和能源需求的发展、为国家原油战略储备和商业储备提供了保障。

案例4:全球最大浅水航道第四代液化天然气(LNG)船"大鹏公主"号正式交付(引自广东省人民政府网站)

2023年2月18日,中国船舶集团旗下沪东中华造船(集团)有限公司建造的8万 m³ LNG运输船"大鹏公主"号在中船长兴造船基地命名交付。该船是目前全球最大的浅水航道第四代LNG船,总长239 m,型宽36.6 m,设计吃水8.5 m,在全球同级别舱容LNG运输船中吃水最浅。"大鹏公主"号能够通江达海,具有卓越的适航性,尤其是在枯水季节也能进入我国长江、珠江流域,服务区域广泛。

其液舱型号为GTT NO.96 L03+,最低设计温度为−163 ℃,最大设计蒸汽压力为0.035 MPa,匹配高装卸流量设计,配备气体燃烧单元(GCU),具有强大的LNG液货处理能力,与国内大部分现有接收站码头相匹配。

其采用独特的双艉鳍线型,双主机双螺旋桨推进,双舵系操纵,在全球同级别LNG船中航行、操纵能力最强;具有高度灵活的转运兼容性,可实现从3万 m³ 小型LNG船到17.4万 m³ 大型LNG船广泛船型范围之间的液货转运。

该LNG运输船既可通达东南亚沿海区域,也可进入我国的珠江、黄浦江和长江中下游等内河航道,可与深圳市天然气储备与调峰库以及国内大部分现有接收站码头相匹配,使用范围广泛。

分析:由于俄乌冲突的发生,欧洲国家对于天然气能源的需求日益增加。且由于俄罗斯管道运输方式受阻,海上运输成为天然气贸易的主要运输形式,大型LNG船订单量激增。2008年,我国成功打破日韩的垄断,"大鹏"号LNG运输船的成功投入使用宣告了我国拥有完全自主建造LNG运输船的能力,将有助于我国建立自主可控的LNG运输体系,优化在LNG产业链上的布局。

思考题

1.液体散货是如何分类的？ 液体散货运输的发展趋势是什么？

2.石油及其产品有哪些特性？

3.油库的容量是如何确定的？

4.装卸石油的主要设备有哪些？

5.国内外油港中油船装卸方式有哪些？

6.原油及成品油的装卸工艺流程有哪些？

7.燃料油的装卸工艺流程有哪些？

8.在油品装卸工艺完成后,剩油产生的危害如何避免？

第六章
重大件货物码头装卸工艺

🔍 **学习目标**

通过本章的学习,应该能够:

1.了解重大件货物的种类及其特性;

2.了解重大件运输船舶的类型及主要特点;

3.熟知重大件货装卸船、车的工艺;

4.熟知重大件货物捆绑固定的方法及计算。

🎧 **问题提出**

什么是重大件货物？重大件货物有哪些特点？重大件货物装卸船、车的工艺流程是什么？重大件货物捆绑固定的计算依据是什么？

第一节 ◉ 重大件货物概述

一、重大件货物的概念

水上运输的货物,当单件重量过重,以致不能使用一般的起货设备进行装卸时,或当单件尺度过长、过高或过宽,以致在装载方面受到一定限制时,称为笨重或长大货物,又称重大件货物,如钢轨、机车、高压容器等。

在不同的运输方式中,各运输经营人所制定的超尺度标准并不一致,各国港站枢纽和运输公司所制定的重大件货标准时有不同。在同一运输方式中,各国港口和各航线的规定也有所不同。

重大件货物承运时,应在货物运单内填明单件重量、长度和体积(长、宽、高),并在货件上标明,以利于运输中积载、装卸和计费。

二、重大件货物的种类及其特点

（一）重大件货物的种类

1.按运输途中有无包装分

（1）包装重大件货。包装重大件货是指加有包装、外形整齐的重大件货物,如机床和大多数机械设备等。包装重大件货多采用木板围框型包装,这种包装底部有厚实的粗方木以保证货件有足够强度,在货物装卸搬运作业中,应确实使这些部位着力,否则会造成包装破损、货件摔落等事故。

（2）裸装重大件货。裸装重大件货是指不加包装、形状不规则的重大件货物,如机车、舟艇、中型机械、重炮、坦克、工厂装备组合构件等。裸装重大件货外形不规则,装运时,常需拆除部分外部构件,以避免这些构件受损和提高装载舱容或空间的利用程度。这些拆卸的构件应另加包装,妥善保管。

2.按货物本身的实际特点分

（1）以塔、器为代表的大件设备。包括减压塔、反应器、再生器和丙烯精馏塔,这类设备直径大、高度高、自重大,吊装时既要求作业空间,又要求起重设备的起重能力,吊装难度大。例如上海赛科90万t乙烯装置丙烯精馏塔,直径7 m,高度97 m,重量1 060 t;中海壳牌80万t乙烯装置丙烯精馏塔,直径6.9 m,高度94 m,重量1 240 t。

（2）以大型火炬、排气筒等为代表的高柔结构大件设备。这类设备长细比大,刚度小,结构稳定性差。吊装时要求垂直作业空间,设备在吊装过程中易产生变形和失稳。例如齐鲁石化72万t乙烯技术改造工程中的塑料厂火炬系统改造工程,新建火炬标高125.4 m,重213.15 t。

（3）以核电站用穹顶、化工用压力容器及储存油罐为代表的薄壳结构大件设备。这类设备直径大、壁薄,吊装时要求水平作业空间和起重能力,设备在吊装过程中易产生变形和失稳。例如秦山核电站中安全壳筒体钢衬里板材厚度仅有6 mm,直径达36~44 m,高62.5 m,整体重量143~173 t。北京燕化公司66万t乙烯改扩建工程中的油洗塔和水洗塔两台巨型塔器,直径9 m和11 m,高度43.1 m和48.7 m,壁厚仅有20 mm和26 mm,重量510 t和603 t。

（4）以海洋平台、大型桥梁为代表的钢制及混凝土结构大件设备。该类设备结构尺寸、重量都很大,其大小有时取决于起重设备的能力。比如,有的海上平台重量达到2万t。

（二）重大件货物的特点

1.笨重、惯性大

重大件货物多为金属制品。重要特点就是笨重,不仅重量大,而且体积庞大,运输装卸困难大,稍有不慎,就会危及船、货,甚至人身的安全。作业操作费时费力,必须使用一些大型的机械、专用的吊索具和采取特殊的方法才能进行。在安排重大件货物装卸作业时,宜采取直取作业方法,如条件不可能,也要设法尽量减少作业次数。重大件货物还具有惯性大的特点,操作时要特别注意在起吊、加速和使用刹车过程中货物所产生的动负荷以及装卸过程中货物的颤抖、摆动所引起的巨大冲击负荷。

2.局部的脆弱性

绝大多数重大件货物由金属构成,机件根据使用要求都有不同的强度和精度,运输时,要特别严防机件遭受各种可能的腐蚀和撞击损伤。如重型汽车的车灯、驾驶室、设备中的电脑部件、仪表部位等这些部位或附件较为脆弱,极容易因装卸、积载不慎而造成破碎损坏事故。在重大件货物装卸作业前,必须认真查看"重大件货物清单"(List of Heavy Cargo),弄清实际货件的重量、尺寸和特性,以便做好充分的准备工作。

3.完整的成套性

相当多的重大件货物属于成套设备的一部分,一般有主构件和装配件之分,这些货件(包括裸装时拆下另加包装的部分与裸装主体)都具有成套性,在运输过程中要防止因某个部件短少或损坏而影响整套设备的安装和施工,给国家造成重大经济损失和不良声誉。成套设备一般必须采取抄号交接,防止混入其他件杂货中。在舱内分票验残时,发现原残严重,操作有可能扩大残损时,应立即通知船方到现场验残,必要时应取得有效的签证和落实措施后再起卸货物,并可拍照备查,以便分清港航双方责任界限。

此外,货件的中心位置往往都不在体积中心位置,起吊作业前,必须查明货件中心位置(按规定,货件上应有关于中心位置的指示标志),切忌盲目操作。

第二节 ◉ 海上重大件货物运输

一、重大件运输船舶

重大件运输船舶包括重吊船、半潜船、滚装船等各种船舶。重吊船具有容积大、舱口大、起吊能力强的特点,能够安排不规则货物的积载,适于装运成套设备和工程大型设备。半潜船可装运超大型特殊设备、特重特长设备,如钻井平台、舰船、火车等设备。

(一)重吊船

重吊船起重负荷大,船上拥有重吨位大吊,其起重能力达到 500 t 以上。主甲板上可装载超长重大件,最长可达百米左右。提供全球范围的定期或不定期运输服务,最适合装运成套设备、工程项目重大件等。

(二)半潜船

半潜船与重吊船配套,可用于装载桥吊、舰艇、挖泥船、钻井平台等重 500 t以上的超大型货物和海上工程设备,也可以用滚进滚出方法装载重大型构件,其特点为:

1.特别适用于滚装装运方式,可利用货物绞车将重大件经后部跳板移至货物甲板,绑扎固定后即可起运。

2.独特的上浮/下潜功能,利用压载系统控制下潜,借助动力定位将实现精确安装。

3.先进的动力定位系统,如半潜船目前采用的 DP Ⅱ 系统,大大提高了运输安装的可靠性。

4.多功能、多用途,适应范围广,如装运门机、大型挖泥船、铺设管道/电缆、打捞作业等都能胜任。

目前,世界上最大的半潜船是由韩国现代重工建造的"博卡-先锋"号。该船原名"道克维斯-先锋"号,曾由荷兰道克维斯公司经营,后转卖于博卡公司。该船全长为316 m,宽79 m,最大吃水31 m,最大载重吨位为11万t,最大航速为14 kn左右,动力是2台瓦锡兰公司的12V38型柴油机和2台6L38型柴油机,总装机功率为2.7万kW,为了能精确控制"先锋"号航行动态,还配有两部吊舱推进装置,以及一部艏侧推,该船船员只需40名,其自动化水平也较高。我国最大的半潜船"新光华"号由广船国际有限公司建造,全长255 m,宽68 m,最大吃水30.5 m,最大载重吨位为9.8万吨,最大航速为14.5 kn,货运甲板的面积为1.35万m^2。它不仅能够运输海上钻井平台,还能够运输大型的战舰,装上航母可航行10 000 n mile,船上还有118个压载水舱,每个水舱都有阀门通向海底,下潜上浮可轻松实现。

为适应海洋石油的开发与发展,迫切需要安全可靠的运输工具和能精确定位的安装设施。半潜船恰恰迎合了这方面的需求,并充分展示了其优良功能。用半潜船作为运输工具可大大缩短运输周期,如"泰安口"半潜船航速大于14 kn,如将平台从欧洲运至中国,理论上只需30天左右。即使其租金为4万美元/天·艘,与拖航相比还要便宜43%。而且,半潜船续航力强,在航行过程中间无须加燃料,其续航力可达12 000 n mile,从欧洲过苏伊士运河至中国不需停泊加油等,节省了营运时间,降低了受恶劣海况影响的概率。

二、重大件运输船舶的主要特点

重大件货物的特点是重量大,体积大,外观尺寸不规则。为了适应这一特点,重大件运输专用船舶在船型、起重设备的配置、货舱的设置以及压载水系统等方面都有特别之处。

(一) 船型

重大件运输专用船舶的载重吨一般在7 000~30 000 t,满载吃水一般不超过9 m,这是由于尽管重大件货物单件具有重量大、体积大的特点,但对整个船舶来讲,一般都不能充分利用其载重量,往往是满舱而不满载,而且,由于吃水相对不是很大,船舶可以自由出入一些水深较小的港口,不受港口条件的限制。

此外,重大件运输专用船舶船型较为肥胖,其方形系数较其他船舶要大,而且重大件船舶的舱口较大,这样是为了加大利用空间,而且,空间的尺寸较为规则,装卸货时货物能够方便地进出舱内。

(二) 起重设备的配置

重大件货物运输专用船舶为了不受港口起重设备的限制,其自身具有自装、自卸的能力,在船上装备有起重量较大的重吊(100~600 t),现在较新的专用船一般配备起重负荷较大的克令吊,安装位置是放在一舷,而不是像传统船舶那样放在船中。在克令吊纵向位置安排上,可以同时双吊作业,这样使整个船舶的起重能力大大提高。

除了重吊外,重大件货物专用船舶还备有吊装重大件货物时使用的吊具,因为在装卸时,由于货物尺寸不规则,不可能直接将吊索作用于货物上,而是通过专用吊具来进行的,如有杆型、框架型和底座型等,各个吊具也有其自身的安全负荷,其中设备的安全负荷应包括吊架自身的重量,所以实际能吊起的负荷应比额定的安全负荷小一些,这一点要引起注意。

(三) 货舱的设置

为了更好地利用空间,重大件运输专用船舶的货舱都比较整齐规则,而且一般在纵向上不做分隔,这样在长度方向上就可以满足超大货物的要求。在垂向方向,一般分为上下两层,但是二层舱的舱盖可以移动,在垂向位置上也可以变动。这样在实际应用中层舱及底舱的高度可以依据所装货物的高度而改变,在需要时,可以移去二层舱的舱盖,使其成为一个统舱。同时,为了在装重大件时满足局部强度的要求,二层舱舱盖的局部负荷应较大。

(四) 压载水系统

重大件货物的重量相对比较大,而且在装卸时又使用船吊,因而在装卸重大件时会引起船舶产生横倾角,使船舶的稳性降低,同时,货物的重心在横向上产生横倾力矩,使船舶产生横倾角,而稳性及横倾角过大对货物的装卸及船舶的安全都是不利的,严重时会导致船舶倾覆。在实际操作中应采取措施尽量减少船舶的横倾角及稳性的降低,可以采取打、排压载水的方法来调节。为了更方便地调节装卸货时的横倾角及稳性,在重大件运输专用船中除了设置一般货船的双层底压载水舱外,还在船舶的两舷设置了边压载水舱,以便于调节;同时在垂向位置较高的地方设置了甲板压载水舱。该种船舶上一般都配备有专用计算机,能够及时显示打、排压载水时对船舶横倾角及稳性的影响。

(五) 重大件货物的绑扎

船舶在航行中受风浪影响会引起横摇及纵摇,如绑扎不牢固,会引起重大件货物的移动,后果轻则造成事故,重则导致船毁人亡。有资料显示,许多重大件货物专用船舶发生事故的原因多是由于对货物的绑扎不牢引起的,因此绑扎问题对于重大件货物运输来讲是一个关键。现在的重大件运输专用船舶都按国际海事组织(IMO)的要求配备了《货物系固手册》,该手册中明确规定了相对于本船及所装重大件货物特性所应选用的绑扎方法及工具。

(六) 局部强度

重大件货物重量大,而且尺寸不规则,因此在装载时应注意局部强度,避免超过强度的许可负荷,造成船体受损。装载时应从选用合适的积载位置及用适当的衬垫来尽量减少局部负荷,以确保船体安全。

第三节 ◎ 重大件货物装卸船舶工艺

在重大件货物装卸船舶工艺中,装船和卸船工艺在吊装及水平运输等工序中是大同小异的,在一般情况下,装船比卸船要复杂些。因此,本节重点介绍装船工艺及其有关问题。

一、对船舶和船舶积载的要求

（一）对船舶的要求

1.重大件货物的船舶运输,应尽量采用专用船舶。因专用船舶条件好,并配有重吊,其舱口尺寸大,甲板、舱底和舱盖板负荷都比普通件杂货船舶大,在甲板及舱底上部有供加固用的孔环,有的专用船舶还配有调节平衡的设备。

2.用一般件杂货船舶运输重大件货物时,要求船舶的舱口尺寸大,舱底和甲板负荷大,甲板宽敞,最好是单层舱,并在舱内无立柱。

（二）对船舶积载的要求

1.应尽量配装在舱口尺寸大、有重吊的中部舱内或甲板上。若需装在二层舱内,要注意重大件高度小于二层甲板至舱口纵梁下边的高度,而且最好装在舱口下,以便于装卸。

2.要充分利用舱容。小件货物装在舱内,大件货物装在舱口。大小件货物配装,尽量不亏损舱容。

3.要特别注意甲板负荷。船舶各层甲板与舱盖板的负荷是不同的,舱底负荷比各层中甲板、上层甲板和舱盖板的负荷都大。重大件货物装在船上,按其承载面积来计算甲板负荷,其负荷不得超过船舶的甲板负荷。否则,会使甲板凹陷,甚至断裂,使船舶发生严重事故和货损。

4.考虑舱盖板负荷一般都较小和为了不影响开关舱,所以一般情况下不在舱盖板上验货。必要时,也只可装少量较轻的货物。

5.配装甲板货物时,要留出必要的人行道可以使加固方便,并要避开舷窗、排水孔、货舱人孔和各种阀门等设备,不能妨碍起货机等设备的操作。

6.装在两船舷的货物,要保持重量基本相等,避免船舶发生倾斜,以保证船舶平衡和航行安全。

7.注意船舶稳性。由于在甲板上装载一些货物,使船舶重心位置提高,且又增加了船舶的受风面积,这对船舶稳性都产生了不利影响。因此,在甲板上装载货物后,船舶的稳性要重新校核。

8.在装载重大件货物时,往往出现舱容不足、载重量没有得到充分利用的情况,还可能由于船舶重心过高而出现船舶稳性不好的现象。为了降低船舶重心高度以保证船舶稳性和充分利用载重量,舱底往往需配装比重较大的货物,如五金、矿石等。不管配装何种货物,必须要求特殊平舱,使货面平整。然后在上面铺上垫板,以达到装载重大件货物的要求。

二、装卸船舶工艺的制定

（一）制定装卸船舶工艺的依据

重大件货物装卸船舶工艺,要依据船舶、船舶积载、货物、机械设备、工属具、场地以及操作过程的条件与要求等来制定,主要依据有:

1.船舶和船舶积载:船舶是否有重吊,重吊的位置及负荷;货物配载哪个舱口及舱口尺寸大小;舱底及甲板单位面积负荷;船方要求等。

2.重大件货物:货物的自重、重心位置、外形、尺寸、吊装位置和吊装要求等。

3.起重设备:如船吊、浮吊、岸壁吊、辅助机械设备及技术性能情况。

4.工属具:是否采用专用吊架,吊装用的钢丝绳和卡环的规格与负荷情况。

5.操作过程:重大件货物操作过程主要有三种:

(1)车—船(火车或汽车)作业:即直取作业。不经过水平运输和倒载,这是最经济、最合理的一种操作过程。具有减少装载次数、节省作业时间和保证货物质量等优点。

(2)场—船作业:有时为了集中货物装船,又当船与车不衔接时,把货物从车上卸到场地集中待装。这种操作过程除配有吊装用起重机外,还配有水平运输机械。这种情况,最好把货物放置在装船码头岸边,以便直接装船,避免再次倒载,另外还要注意场地的合理安排。当货物从船上卸到场地时,同样要注意装车的方便。

(3)船—船(驳)作业:这种操作过程多数是在货物由海转海、海转河、河转海时采用。如上海港进口的设备需经长江运至内地或由内地制造的设备需经长江运至上海港出口时,可采用船—船(驳)作业。

(二)装卸船舶程序

重大件货配载、装卸比较复杂,应根据其特点,在配载、装卸等方面周密考虑,正确处理,才能兼顾船、货、机械和人身的安全,具体有以下几点:

1.装运前的准备工作

仔细了解和掌握本船承运重大件货物的能力和检查重型起货设备的所有部件和属具,使其处于良好的技术状态;深入货场详细了解所运重大件货物的有关资料,如货物的特征、形状、单件重量、尺度、装卸标志、包装情况等,了解货主提出的装卸注意事项;仔细了解和掌握装货港、中途港和目的港的装卸作业条件,如码头装卸设备、起重能力等情况。

2.正确选择舱位和货位

重大件货物的装卸位置,应从保证货物和船舶的安全及便于作业使用船舶重型起货设备等方面考虑。根据货件的具体情况,重大件货物可以配置于舱内或上甲板。

(1)当配置于舱内时,应选择舱口尺度较大且重型起货设备的中部货舱;

(2)当配置于二层舱时,要注意货件高度不能大于二层甲板至舱口纵材下缘的高度;

(3)当配置于甲板时,应选择起货设备够得着的部位,其堆装位置应不妨碍甲板部的正常工作,不影响驾驶台的瞭望,且不能堆装在舱盖上,怕水的重大件货物应配置在不易上浪的部位;

(4)从稳性的角度考虑,应选择接近全船重心处,并注意左右均衡;

(5)确定重大件货物的装载位置时,还应考虑有利于货件的系固,很高大的重大件货物不宜配置于紧贴船壳和舱壁的部位,以便于货件的系固,但应避免系固角过大。

3.装卸前的准备工作

(1)保证船舶正浮。装卸前应调整左右油、水舱的油水,使船舶处于正浮状态。

（2）检查装卸设备。对重吊及其属具（钢丝、滑轮等）必须经过严格检查，对起货机和电源系统也进行严格检查。

（3）准备装卸工具。准备起吊重大件所需的重吊及其属具、衬垫、绑扎等材料，根据重大件的重量、重心位置、起吊部位和外形特征选用相适应的吊具。一般吊索的长度应符合下列要求：①吊索与吊钩垂直线的夹角一般不大于30°，有特殊情况时，在确保吊索有足够强度和货运质量的条件下可适当加大夹角；②吊运箱装重大件，吊索与箱顶面的夹角不小于45°，当箱体结构单薄易损时，应按有关方面提供的资料确定吊索的长度。

（4）货物检查。吊运前应查明重大件的重量、重心、起吊标记，对有特殊要求的重大件，应在具备吊运技术资料和拟订专项装卸工艺方案后方可作业，其他检查项目还包括：①捆扎重大件的索具须全部拆除，吊具系扣连接正确；②与周围货物无接触、挤压或碰撞的可能；③箱装重大件箱体和箱底道木受力状态必须良好，角铁、橡皮等衬垫应垫塞牢固。

（5）清理装卸现场。清除装卸现场甲板上妨碍装卸工作的杂物，划出安全作业区，禁止无关人员进出。

（6）计算甲板负荷量。确定合理的衬垫方案，以保证甲板局部强度不受损伤。

4.装卸船舶过程中的注意事项

（1）正确系挂

严格按货件装卸指示标志系挂固索，并在货件受压处适当衬垫，以防货物压损。

（2）谨慎试吊

起升离地面约0.3 m时暂停片刻，以便仔细检查重吊各部位在受力后有无异常情况，重大件前后左右能否保持平衡，绑扎索具是否全部拆除，确认无疑后方可继续吊运。

（3）稳步操作

操作员应由熟练工人担任，在操作过程中应平稳缓慢，当发现异常情况时应立即停止操作，并予检查或采取措施，以确保安全。在装卸时，大副和值班驾驶员应在现场监装，以便及时处理意外事故。具体要求为：①起吊落码要轻，严禁急甩、急落、急停。②吊运时，初速要缓，运行要稳。途经区域内应无障碍物，重大件必需的船舷、船舱口围板等处，底部高度不得小于0.5 m，吊运载在车辆上的重大件，不得从车辆驾驶室的上方通过；③对略大于舱口长度和小于舱口对角线长度的重大件，可把其移至舱口对角线的位置后，再吊运进出舱口，对略大于舱口对角线长度的重大件，在确保重大件安全的基础上可倾斜吊运进出舱口。

（4）合理选择吊装位置

一般重大件货物都有吊装标记。这些标记指明在什么地方，向哪个方向捆绑钢丝绳。若没有捆绑标记，可仔细察看装船或装车时钢丝绳捆绑的痕迹。如果看不出痕迹，可察看装载文件。当没有吊装标记，痕迹看不出，装载文件也查不出来时，可找货主问明货物结构，共同确定吊装位置。

（5）钢丝绳的捆绑

钢丝绳的捆绑很重要，需要做到下列几点：

①在捆绑钢丝绳时，要尽量增大 α 及 β 角，以便充分利用铜丝绳的拉力。②在捆绑吊装体积大、重量轻和易扭转的货物时，钢丝绳要绕货物一圈后再捆绑，以防止货物在

吊装过程中发生扭转及防止钢丝绳互相叠压。当发生叠压时,必须加衬垫。③在捆绑外表怕磨损的货物时,一定要加衬垫。遇到货物外形不规则,有棱角或突出物时,也要加衬垫。要注意钢丝绳不能弯成直角,在必须转弯时,在直角处一定要加衬垫,使钢丝绳成弧线形弯转,这样可防止钢丝绳的磨损和折断。④钢丝绳要保持受力均匀。要根据货物的重心位置和吊装位置进行吊装。但实际上标记的货物重心位置往往与实际不一样。当货物起吊后就会产生钢丝绳受力不均的现象。发生这种情况时,应停止吊装。其解决办法一是调整吊装位置;二是当吊装位置不能调整时,要根据受力情况选择拉力较大的钢丝绳,决不能盲目起吊。否则,会由于钢丝绳受力不均,造成钢丝绳被拉断而发生事故。

(6)挂钩和摘钩

吊装重大件货物时,挂钩要根据钩头形式、钢丝绳捆绑的位置和方向进行。正确地挂钩能保证货物安全吊装;反之,会使钢丝绳脱钩和货物发生扭转,这种现象在吊装重大件货物中是绝对不允许的。

钢丝绳挂钩时一定要挂牢,并放好安全装置。在开始起吊时要注意观察钢丝绳是否有脱钩的可能,当确认无误时才能继续起吊。

重大件货物无论是装卸船或装卸车,在摘钩时要特别注意。先缓速下降至离着落处 1~1.5 m 处暂停,作业人员使用推拉钩或稳索使重大件停稳,当货物接触垫物放平后停车,用顶木、木楔、垫木等将货物塞牢,不使货物发生移动或滚动。然后缓缓松钩,当货物放稳后再摘钩。

(7)合理使用垫木

重大件货物装卸过程中,无论装船、装车或放置场地,除货物本身自带支撑座或支架外,都需要放置垫木。这是因为一方面可使货物放置平稳和便于吊装;另一方面,当船舶甲板或场地的单位面积负荷不足时,可用垫木来增加其承载面积。使用垫木时应注意:

①不要使用圆形垫木。②选择硬质木料制作垫木。③装船或装车使用的垫木要根据货物和装载要求预先制作好,其尺寸要符合要求。场地用垫木可根据实际情况选择。④箱载重大件时,当下面箱子强度较弱时,其上应垫方木或木板,所垫位置应在下面箱子的立柱等结构牢靠处,其长度应等于或稍长于下面箱子的宽度。

(8)注意货物通过的途径

在吊装之前,为保证货物在吊装过程中安全和畅通,要仔细察看好货物通过的途径是否有障碍物,如船舶桅杆侧支索、大桅、上层建筑物和其他突出物等。如果有影响货物通过的物件,要预先采取措施拆除。还要注意的是,货物不准在上层建筑物上面通过,也不能长时间将货物悬吊在空中。

除上述之外,在装卸过程中,不要损坏包装或将货物倒置。裸体货物要注意保护突出部分,不要在吊装过程中碰破。在装甲板两侧货物时,要求均衡装载,保持船舶平衡,并要留出一定的通道,以便工人进行装卸和捆绑加固作业。

三、装卸过程中主要工序的工艺选择

重大件货物装卸船舶工艺,可按其操作工序进行选择。主要工序有起重、水平运输

和舱内作业工序。由于各港口的码头、场地和机械设备等具体条件不同,工艺的选择也各有差异,现将选择比较普遍的工艺介绍如下:

(一)起重工序

重大件货物装卸过程中的起重工序是最重要的工序,必须认真研究和正确选择。综合起来有如下几种:

1.船吊起重:专用运输大件的船舶都配有重吊。起重量一般在几十吨到几百吨,如"大田"轮就配有起重量为300 t的重吊。有条件运输重大件货物的船舶,一般也都配有起重量为20~60 t的重吊。目前我国各港在浮吊少、岸壁吊以及流动吊车起重量较小的情况下,应尽量采用船吊起重。

2.岸壁吊或流动吊车起重:目前各港已逐渐配有起重量较大的岸壁吊和流动吊车。根据货物重量、机械设备性能和场地等情况,也可采用岸壁吊或流动吊车起重。但岸壁吊和流动吊车载重量有限,目前只能起重不超过30 t的一般重大件货物。

3.浮吊起重:当船吊和岸壁吊不能起重时,可采用浮吊起重。目前我国各港已配有50 t到500 t起重量的浮吊,按能否自航分,有自航式和非自航式两种;按吊臂能否转动分,有固定式和旋转式两种。浮吊可进行直取作业,也可将货物直接放置到远离码头岸壁的场地及铁路线就近处。

浮吊具有起重量大、跨度大、机动性好等优点。在成套设备和单机设备重量不断增大的情况下,浮吊将成为重大件货物装卸的重要起重设备。

4.两台浮吊联合起重:由于各港口装卸重大件货物不断增加,特别是成套设备进口量逐渐增多,其中有的件重量达300~400 t,在一台浮吊起重量不足的情况下,也可采用两台浮吊联合起重的方法。如青岛港就曾采用两台浮吊联合起重过350 t重大件货物。

(二)水平运输工序

几十吨到几百吨的重大件货物,在装卸船舶的作业中,一般都采取直取作业方法,如不可能,也要尽量把货物放置在靠近铁路两侧或码头岸壁,给再次装船、装车创造条件,减少和避免水平运输。但是,由于各港口具体条件不同、操作方法的差异和船车不衔接等因素,部分货物还是要进行水平运输。

1.大型铲车运输:目前各港口均配有5~10 t铲车,还将陆续配备10~15 t铲车。铲车进行水平运输安全比较可靠、经济合理,在短距离内输送重大件货物最适宜。使用铲车时,有时因货叉短,对比较宽的货物不好使用,这时可做辅助货叉套在原货叉上,使货叉加长,以利起运。

2.大型吊车运输:从目前看,吊车起重量普遍比铲车大,有的已达几十吨到几百吨。在运输距离短、道路平整的条件下,重大件货物可用吊车进行水平运输。当吊车不能吊着货物行走时,则可采用倒载的方法将货物运输到指定地点。

3.大型拖车运输:根据需要,有时要把货物从码头运输到较远的货场,或从一个泊位运输到另一个泊位,或从一个码头运输到另一个码头,在水平运输距离较长的情况下,采用大型拖车进行水平运输是比较合理的。

4.两台流动机械联合运输:当货物比较重,或因货物的外形尺寸较大,用一台机械进行水平运输困难和无法进行时,可采用两台叉车或吊车联合作业。

(三) 舱内作业工序

在装卸船舶作业中,装卸甲板上和舱口处的货物,可直接用起重机和船吊作业。装卸舱内的货物常采用下述三种方法。

1.采用舱内装卸机械作业方法:重大件货物装船,一般情况是将较重和难装卸的货物放置在舱口下面,而将一般货物放置在舱口里边,有时也将一部分较重的货物也放置在舱口里边。装卸舱口里边的一般货物,可用 3～5 t 起重量的舱内专用机械,因为这种机械具有机动灵活和效率高及安全可靠的特点。在船舱允许的条件下,也可用 10～15 t 起重量的舱内专用机械和一般铲车。

2.采用拖拉方法:在舱内装卸较重的货物,又无舱内机械作业时,可采用拖拉方法进行作业。

拖拉方法是目前比较普遍采用的方法,主要做法是:无论货物从舱口里边拖出或从舱门下面拖进里边,首先用钢丝绳捆绑好货物,然后,通过导向滑轮和钢丝绳用船上绞车缓缓拖拉,将货物拖进或拖出。

3.采用预报方法:根据货物积载和装舱要求,也可采用专用机械或一般装卸机械,把货物顶推到指定位置。

上述几种舱内作业方法,要根据货物、舱内条件和机械性能等具体情况进行选择。

四、几种重大件货物装卸船舶工艺

(一) 机车车头和客货车厢

机车车头和客货车厢的装卸船舶技术比较复杂,在作业前,要制定出具体的装卸船舶工艺方案。在实际装卸船舶作业中,除按一般重大件货物装卸船舶工艺进行外,还要注意和掌握一些特殊情况下的装卸方法。

1.机车车头有蒸汽机车和内燃机车等。蒸汽机车其外部突出部件较多,而内燃机车其外部怕磨损和挤压,在装卸过程中必须注意保护。客车车厢外部造型光滑美观,特别怕磨损和挤压。在装卸内燃机车和客车车厢时,不许用钢丝绳直接捆绑进行吊装,以免使其外部磨损和挤压,而要用专用吊架进行吊装。

机车车头和客车车厢都有捆绑钢丝绳用的凸起部分,并有明显的标记,吊装时,要在凸起处加衬垫,以防磨损。在装卸过程中,最好请制造部门有关人员到现场进行技术指导和共同研究、处理出现的一些问题。

2.装卸机车车头和客货车厢最好使用专用船舶。专用船舶在船舱底和甲板上都铺有轨道,当使用一般货船来装载重大件货物时,最好也预先铺设轨路,将机车车头和客货车厢直接放置在轨道上,这样,既便于装卸又无须做其他辅助工作。

3.无轨道时应备木鞋。当机车车头和客货车厢使用一般货船而无轨道装载时,车轮要备有木鞋,以便装载。即在装载之前,接轨距位置放好木鞋,将车轮放入木鞋内。

4.保证船舶稳性和充分利用船舶载重量。一般在舱底装上部分压舱货后,再装载机车车头或客货车厢。这种情况,必须对压舱货做特殊平舱。一般是采用平舱机推平。必要时,也可用压路机压平。在放置车轮和拖拉车头处或车厢经过处都需铺上木板,而木板上最好再铺上薄铁板,抹上黄油,以减少装载过程中的摩擦力。

5.铺设轨道。因机车车头和客货车厢的轨距不同需更换车轮时，在装船处要预先根据更换轨距的大小铺设好轨道，将更换的车轮放在上面。吊装时，先卸下原车轮后吊车体上部，放置到需更换的车轮上，当车体和更换的车轮固定好后再整体吊装入舱。进行这种作业时，要做好充分准备工作，同时，各方面要密切配合。

6.装船时，要根据装载位置按顺序进行。其做法是先装船里后装舱口处。装载舱里是先将机车车头或客货车厢吊至舱口处，然后用拖拉方法再拖至舱里。

7.捆绑钢丝绳时，一定要按标记进行捆绑和吊装。当需改变吊装位置时，必须与有关方面研究后进行。在捆绑钢丝绳时，要特别注意不要碰坏和挤压车底部的管路和拉杆等零部件。

8.机车车头和客货车厢卸船顺序。机车车头和客货车厢卸船时，确定好卸船顺序后，先拆除捆绑加固物件，然后先舱口处后舱里卸船。把机车车头或客货车厢卸至码头岸壁轨道上，由机车车头拉出，以便继续卸船作业。

（二）重型汽车、装卸机械和推土机

重型汽车、装卸机械和推土机的种类繁多，自重由几吨到几十吨，外形各式各样，但吊装方法却大同小异，概括起来有如下几点：

1.在吊装上述几种货物时，一般都采用专用吊具。因种类不同，要根据实际情况进行选择。采用专用吊具，效率高，同时又安全可靠。但有时也可不采用专用吊具，直接用钢丝线捆绑吊装，这要依据实际情况和在保证安全、质量的前提下进行。重型汽车、装卸机械和推土机的装卸船舶工艺，其方法主要有：

（1）重型汽车。重型汽车种类很多，有新型的，也有老式的，新型汽车一般都设有供吊装用的吊孔，供挂钩用。当没有吊孔时，可用挂钩挂在轮胎钢圈的孔上或用钢丝绳直接捆绑车体吊装。目前国内外生产的重型汽车，一般是前轮钢圈向外凸起并有孔，后轮钢圈向里凹陷也有孔，都可挂钩吊装。一般采用挂前轮钢圈孔上，用钢丝绳直接捆绑后轮车体吊装。无论采用何种吊装方法，都必须使用专用吊架或专用撑棍和专用挂钩，以保证安全和质量。

（2）履带式推土机（或拖拉机、掘土机）。可使用专用撑棍用钢丝绳直接捆绑在履带上吊装。

（3）悬臂式掘土机。在吊装带有悬臂和平衡锤的掘土机时，除采用两根钢丝绳前后捆绑外，还要用辅助钢丝绳捆绑在平衡锤上。这样，就可以在吊装过程中保持平衡。悬臂式掘土机有履带式和轮胎式两种，都可用前述不同方法吊装。

（4）装卸机械。装卸机械有铲车、轮胎吊、汽车吊和铲斗等。铲车和铲斗一般都没有供吊装用的吊环或吊钩，可用钢丝绳直接挂钩吊装，不需要专用吊架或撑棍。

若没有吊环或吊钩，可用钢丝绳直接捆绑铲车后部平衡锤和前部叉架吊装。汽车吊因有较长的吊臂，驾驶室一般又在一侧，而且位置又较高，还有平衡锤。所以，其吊装方法一般采用专用吊架或撑棍吊装，用专用挂钩吊前后轮钢圈的孔；或用专用挂钩吊前轮钢圈的孔，再用钢丝绳直接捆绑后部车体；或用专用挂钩吊前轮的钢圈孔，用钢丝绳直接捆绑后部平衡锤。

轮胎吊的吊装方法，要根据外形而定，最好采用专用吊架或撑棍吊装，也可直接用钢丝绳捆绑前后支腿，但钢丝绳需要长些，并要注意不要挤坏驾驶室。

2.做好保护工作。要特别注意和保护驾驶室、车灯、底盘下部的拉杆和管路,不要被挤压和磨坏。

3.检查自由转动部位。在吊装前,要知道哪些轮子是自由转动的。在钢丝绳捆绑之前,必须刹住动轮,以免动轮回转而发生事故。这一点要特别注意。

4.舱内装载。往舱里装载时,最好被装机械能自己发动开到装载处,或用拖拉方法进行装载。卸舱时,也同样自己发动开至舱口处,刹住动轮后再吊装,或先松开动轮拖拉至舱口处,再刹住动轮进行吊装。要注意的是,无论在舱内或甲板上进行拖拉,必须松开动轮。

5.卸船。从船上卸下的重型汽车、装卸机械等,最好自己发动开走,或用拖头拖到指定地点,但在拖动过程中,必须要有驾驶员驾驶。

(三) 大型设备

大型设备种类繁多,有轧钢、矿山、采煤、化工、发电和钻探设备等,重量从几吨到几十吨,有的重达几百吨;形状复杂,有方形、圆形、球形和其他异形等;有的超长、超宽或超重等。因此,在装卸船舶作业中,特别是对其中主要重大件,一定要研究制定出具体装卸工艺方案,同时,还要注意以下几个问题:

1.大型设备的吊装一般不用专用吊架,而是根据吊装位置的标记直接用钢丝绳捆绑吊装。但有些特殊要求或过长又怕弯曲和变形的重大件,则需要专门吊架。而这种情况,一般自身就带有专用吊架。

2.在吊装过程中,一般按吊装位置的标记进行捆绑钢丝绳,但有时因吊装方法和其他原因,也可改变其原吊装位置。当确定改变吊装位置时,必须考虑其结构,特别是吊装位置处。

3.重达几百吨的大型设备在吊装过程中是绝对禁止发生转动或倾斜现象的,必须保持稳定和平衡。因货物发生转动或倾斜现象有可能损坏货物,还会给装卸和放置场地造成困难。同时,因钢丝绳受力不均,导致事故发生。如果根据运输或安装等某些情况的需要,一定要转动时,必须预先转动好,然后再进行吊装。

4.在吊装裸装重大件货物时,一定保护好突出部分,如进出气阀、油嘴、管头或法兰等。要采取措施加以保护,使其吊装时不受损坏。

(四) 圆形和球形重大件

圆形和球形重大件货物装卸船舶,要注意以下几点:

1.垫木或支座:用一般垫木时,必须同时用三角木挤紧,使之不发生滚动。支座可用凹型支座,因凹型支座安全方便。一般可根据货物几何尺寸大小进行制作。

2.圆形重大件吊装:圆形重大件一般多为圆柱形,其吊装方法比较简单容易。当有供吊装用的吊环时,可直接用吊环吊装;当没有吊环时,可根据吊装位置用钢丝绳直接捆绑吊装。

3.球形重大件吊装:吊装球形的重大件货物比较复杂,要特别注意安全。其吊装方法基本上有两种:一种是球形件上有供吊装用的吊环或吊孔,可直接用来吊装;另一种是利用球形件上的支座捆绑钢丝绳直接吊装。当上述两种条件都不具备时,直接用钢丝绳捆绑吊装是危险的,一定要和有关部门共同研究其吊装方法,慎重行事。

第四节 ◎ 重大件货物装卸火车工艺

重大件货物装卸火车工艺比较复杂。为保证车辆运行安全和货物不受损失,装卸技术要求严格,必须根据装卸火车的具体情况,制定合理的装卸火车工艺,严格执行操作规程和各项有关技术规定。

装载火车和卸载火车相比,装载火车比卸载火车复杂。因此,本节主要介绍装载火车工艺。

一、装载火车的准备工作和要遵守的原则

（一）装载火车前的准备工作

1.根据货物、车型、场地和操作方法等,选择好吊装、水平运输工艺、辅助机械和工属具。

2.根据装载火车的要求,准备好垫木、木楔、扒钉等。需要焊接时,还应准备好焊接设备和材料。

3.车底板上要标明纵、横中心线和车底板中心。需要垫木时,按要求放好。如采用货物本身的支撑垫木,则要标明在车底板上的位置。

4.为了缩短装载火车的时间,应在重大件货物上划好与车辆纵横中心线和车底板中心对正的标记。

（二）装载火车要遵守的原则

1.合理选择车型:根据货物自重、重心位置、外形尺寸、包装形式以及是否集重和越限等情况,合理选择车型,以便保证货物和车辆的安全。反之,会使货物和车辆受损,甚至会发生事故。

2.充分利用载重量:装载火车时,要根据货物自重和车型进行装载,合理搭配,使车辆载重量得到充分利用。

3.均衡装载:重大件货物装载火车时,要求均衡装载,货物重心应位于车辆纵横中心线的交叉点上。在特殊情况下必须位移时,要符合有关规定,如横向位移距车辆纵中心线不得超过 100 mm。

4.保证一定的重车重心高度:装车后,考虑车辆在最坏条件下（如转弯、道岔、风力大等）运行时,为保证车辆不发生倾覆,要有一定的安全系数,按规定重车重心高度不得超过 2 m,否则要采取措施。

二、装载火车的操作方法

为了制定装载火车工艺方案,要对货物、车型、场地、装卸机械、辅助机械和工属具等进行认真的了解和掌握。重大件货物在装卸火车时的操作方法主要有以下几种:

（1）船—火车（直取作业）时,主要采用船上重吊和浮吊作业,在条件允许的情况

下,也可采用大型岸壁吊或流动吊车。

(2)场—火车时,有两种情况:一是当货物放置在装火车铁路线两侧时,可采用大型固定吊车、流动吊车或装卸桥直接作业;当铁路线在码头前沿时,可用浮吊作业。二是当货物远离铁路线,需要水平运输时,根据货物自重、外形尺寸大小和场地远近,用铲车或吊车作业。当一台机械负荷不足时,还可采用两台铲车或吊车联合作业。

(3)汽车—火车时,根据情况,可采用大型岸壁吊、流动吊车、桥式起重机或浮吊作业。

在装载火车作业中,除吊装和水平运输外,为了准确装车和摘挂钢丝绳及工属具,还需要配备辅助机械,如拖头、铲车、吊车等。实践证明,通过辅助机械拖拉货物前后拴的钢丝绳和其他绳索进行装载火车,是既安全又可靠,而且还节省时间。特别是用浮吊作业时,更需要辅助机械,因浮吊作业时,受风浪影响大,使浮吊摆动不稳。

三、装载火车的程序

(1)按前述做好各项准备工作之后,根据吊装方法和装车要求,捆绑好钢丝绳,垫好衬垫,拴好前后左右拉绳。

(2)钩头缓缓起吊,为钢丝绳拉紧时停车,对吊装工属具进行全面安全技术检查,确认无误后再继续起吊。

(3)货物吊到距车辆上垫木 10～20 cm 时停车,用人工或机械把前后左右拉绳拉好。使货物保持平稳,然后按装车要求对准装车线,缓缓下落到车辆上。

(4)用扒钉固定好垫木,使货物放置平稳,不发生移动或倾斜,然后摘下和抽出钢丝绳。

(5)因重大件货物自重都很大,稍有偏移车辆受力变化就会相差很大。所以,有的要求误差只有几毫米。这样,装车时不可能一次成功。若不符合要求时,可重新起吊,直到满足要求为止。

吊装时,一般先对准一头的装车线,然后再对准另一头的装车线,这样容易一次装载成功。当误差很小,只需调很小的位移就能满足要求时,可不必重新起吊,可用人工或机械进行拖拉达到目的。

(6)吊装完毕后,按捆绑加固方案进行捆绑加固作业。

(7)装车全部完成后,必须经铁路和港方等有关单位工作人员进行检查和验收。

四、几种重大件货物装卸火车工艺

关于一般重大件货物装卸火车工艺上面已经阐述。但对大型成套设备和一些超长、集重货物等装卸时又有特殊的要求,下面分别介绍。

(一)大型成套设备

大型成套设备种类很多,大小不一和外形复杂,对装卸火车的要求又各不相同,使装卸火车工艺变得更为复杂,故要注意以下几点:

1.装卸火车首先要对货物本身的结构、外形和装卸要求等进行详细的研究,制定出合理的装卸车工艺方案和捆绑加固方案,并绘制成图,作业时照图进行。

2.大型成套设备一般都在几十吨到几百吨之间,特别是难装卸的重大件,为保证装卸火车安全,减少装卸次数是非常必要的,故尽量采取直取作业方式,如车—船。

3.装车时要为卸车创造条件,要考虑到以后的卸车方法和安装方式。如两件货物到目的地后要相互连接安装,这就要考虑两件货物装车的方向问题。否则,会给卸车和安装造成很大困难。

4.装载比较重的大件时,必须考虑车辆的运行情况和技术要求。如装一件几百吨重的大件时,纵横向偏差量要求很小,有的要求在 3 cm 以下。偏差量差 1 cm 就会使车辆轴瓦和弹簧受力不均。同时,在车辆运行时,由于振动等原因,也会使货物发生位移,造成轴瓦发热或弹簧受力不均而超负荷不能运行。因此装车时,一定要注意符合车辆技术性能的要求,保证车辆运行安全。

(二) 超长货物

超长货物是指一件货物的长度,超过所装车辆的长度,需要使用游车或跨装而不超限的货物。超长货物装车除同一般重大件货物装车方法外,还要注意和遵守以下有关规定。

1.超长货物跨装时,一定要两车负重。

2.超长货物跨装时,必须装在车辆的转向架上,不得直接装在车底板上。转向架是根据货物和车型预先进行设计制作的。

3.当两车的车底板高度不等时,应垫上适当厚度的垫木,使货物装车时保持一样平。

(三) 集重货物

集重货物是指一件货物重量,大于装普通平车的支重面长度最大容许载重量的货物。集重货物多数为体积小和重量大的货物。装车时要注意如下问题:

1.货物重量要均匀分布于车辆的中梁和所有的侧梁上,使车辆受力平衡。

2.集重货物支重面积小,必须根据车底板支重面长度和车辆最大容许载荷的规定装车,以保证车辆安全。

3.当集重货物支重面长度小于两横垫木之间距离时,应铺设纵垫木。纵垫木的放置位置最好相对于车辆的纵向辅助梁。

4.非对称的集重货物装车时,会使两端的转向架负重不相等,其重心也不在车辆纵横中心线的交叉点上。因此,要根据货物装载情况进行分析,必要时,应对车辆受力平衡条件进行校验。

超长和集重货物装车比一般货物复杂,装车时,还要根据铁路部门的有关规定进行。

(四) 载重汽车、装卸机械和推土机

由于各式载重汽车、装卸机械和推土机,本身都有行走机构,因此,在装卸火车工艺上与一般重大件有些不同。

1.各式载重汽车、装卸机械和推土机都有刹车装置,在吊装前或吊装后移动时,均可松动刹车。但在吊装时必须刹车,否则,会因车轮转动而发生事故。当装卸车完毕不再移动时,一定要刹车。特别是装车后,刹车把和拉杆一定要用铁线捆紧。

2.各式载重汽车、装卸机械和推土机的装车方法基本上有两种,即顺装和爬装。顺装时各台间距在 100 mm 左右,顺装又需跨装时,两台之间距离在 350 mm 左右。爬装时,应依次将各车的前轮放在前车的后轮上。

载重汽车可顺装或爬装,而装卸机械和推土机一般采取顺装方式。装载火车,车型可选择一般敞车或一般平板车。

第五节 ◎ 重大件货物装载汽车工艺

重大件货物的运输,由于货物本身情况和运输条件的不同,所以用来运输的工具也各不相同。有的通过火车运输,有的通过汽车运输,有的通过船舶运输。其中汽车运输主要是承担运输一些超高超宽或远离铁路线的重大件货物。由于汽车本身的性能和运输方式与火车不同,因此,在制定装载汽车工艺时,应根据汽车的运输特点和要求进行。

一、装载汽车工艺要考虑的问题

(1)了解货物情况:如自重、重心位置、外形尺寸、结构和装载要求。

(2)了解汽车本身技术性能:如载重量、自重、轮压、结构、外形尺寸和转弯半径等。

(3)充分掌握在运输过程中可能碰到的各种情况:如路宽、路面坡度、允许通过高度、涵洞和桥梁负荷、货物在运输中对冲击和震动的要求等。

(4)根据汽车的重心高度,对汽车整体的稳定性要进行验算,以保证汽车的行驶安全。

二、装载汽车工艺的制定

关于准备工作、工具的选择、吊装方法、装载程序、吊装过程中应注意的问题,与装载火车基本相同,这里就不再重复。

装载汽车的操作过程和操作方法,一般有以下几种:

(1)船—汽车:采用船吊或浮吊作业,在条件允许的情况下,也可采用吊车作业。

(2)火车—汽车:一般采用吊车或铲车作业,如果靠近码头前沿,也可用浮吊作业。

(3)场—汽车:较多的采用吊车作业,也可采用铲车作业。当吊车或铲车不能作业,而货物又在码头前沿,可用浮吊作业。

无论采取何种操作过程,需要进行水平运输时,一般是用铲车或拖车作业。在装卸工作中,装要考虑卸,卸要考虑装,尽量避免水平运输,特别是一些较重的货物。因水平运输不但增加了操作工序,而且还会产生一些不安全的因素,所以,应尽量创造条件采取直取作业方案。

第六节 ◎ 重大件货物多式联运方案

一、基本情况

(一)货物

该次运输货物为宁波某机械制造厂为海南炼化续建项目工程生产制造的大型设

备——两件丙烯塔。这两件丙烯塔在海南炼化项目中尺寸最大、重量最重、运输难度也最大。根据制造商提供的货物数据，两件丙烯塔尺寸、重量参数，如表6-1所示。

表6-1 两件丙烯塔尺寸、重量参数

设备名称	位号	数量	规格（mm）	重量（T）
丙烯塔（1）	501-C-103	1	66 880×7 070×8 900	770
丙烯塔（2）	501-C-104	1	66 870×6 980×8 900	749

（二）发运地和到达地

交货地点处于宁波市镇海区的机械制造厂专用车间，经装车、装船、海运至海南洋浦港，然后卸船、短途运输至工地车板交货。

（三）交货状况

丙烯塔在车间内，罐体底部距地面1.37 m，支撑在制造鞍座上。

（四）交货时间

两件丙烯塔交货时间为2005年8月25日至8月30日。

二、确定物流运作模型

从运输角度看，两件丙烯塔属于超长、超高、超重货物，考虑到大件货物运输的基本要求主要是安全、准时、无货损，计划对这两个丙烯塔采用直接点到点运作模型，即将大件货物从宁波的生产车间直接运至海南洋浦港的建设工地。

三、方案总体设计

从宁波生产车间至海南洋浦港的运输方案有两种：一种是全程陆路至黄埔港再转运方案；另一种是直接在宁波下水海运方案。

如果全程运输采用陆路运输，由于不可控因素较多，因而危险性高，不宜采用。海运最适合大件货物的运输，而且宁波专用车间以及洋浦建设工地距离码头都较近，所以采用宁波直接下水的陆—海—陆方式运输方案。总体运输方案流程见图6-1。

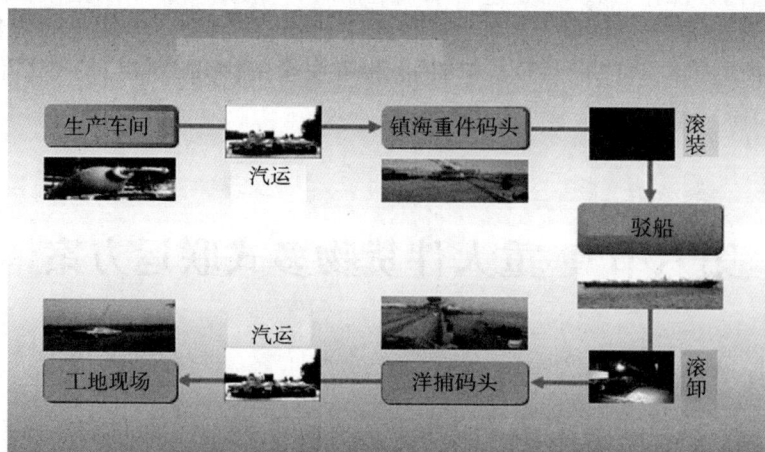

图6-1 大件货物多式联运总体运输方案流程

从总体运输流程图可知,按照运输流程的顺序,陆—海—陆多式联运总体运输方案可分为以下七个具体步骤:

(1)把货物从工厂移至车上。(2)将货物从车间运至码头。(3)把货物从车上移至船上。(4)货物上船后进行绑扎。(5)至洋浦港后把货物从船上移至车上。(6)把货物从码头运至建设工地。(7)在工地把货物卸车、安放就位。

四、具体方案的实施过程

(一)装车方案

1.可行性分析

装车方案的制定主要包括车组和装车的可行性论证,其中,车组的可行性论证又包括车组装载动力验算和车组稳性验算。

(1)运输车组装载动力验算

现以 800 t 丙烯塔为例。

车组总重=平板车重+滚装货物总重=164+800=964 t

车组最大阻力=车组总重×(摩擦系数×起动系数+最大坡度)=769×(0.02×2+0.04)=61.5 t。

两台牵引车牵引力 35 t+28 t>61.5 t,大于滚装车组的最大阻力。

由以上动力验算结果可知,采用 2 台牵引车驱动的方法,即能满足滚装运输所需的动力。

(2)运输车组稳性验算

由厂家提供的资料,运送的丙烯塔重心高度约为 3 000 mm,经计算,装载后的重心高度约为 5 110 mm。当 800 t 丙烯塔横向倾斜 10°(安全系数为 4)时,车组横向将发生倾翻的可能。

在该项目中,丙烯塔装载后的横向倾翻临界角为:arctgα=组合挂车液压承载区域宽度/4/(丙烯塔装载后重心高度−轮轴高度)= 3 040/4/(4 260−375)=9.1°。

据现场观测,码头前沿道路无大于 5°的横坡,当挂车的转弯车速≤3 km/h 时,丙烯塔的离心力可忽略不计。故组合挂车重载后横向稳定性是安全的。

为了更好地控制丙烯塔的侧倾,结合以前承运类似设备的经验,在设备尾部悬挂侧倾显示仪,可以更好地实现侧倾预警。在读数计接近 10°时立即停止车辆运行,调整平板车组的液压平台水平,使承载平台调整至接近水平位置后继续行驶。

2.装车步骤

在车间内的装车主要利用液压平板车的升降功能自装丙烯塔,其步骤如下:

(1)将运输鞍座用液压千斤顶顶升至 1.1 m,然后在运输鞍座两边用支撑座支撑。

(2)车间内事先清理出车辆的进出通道,将丙烯塔起升至足够高度(托架底部距地平面大于 1.1 m)。因场地面积小,车辆拼装完毕后整体进入丙烯塔下方困难,故分两段就位后再重新拼装。

(3)调整车辆位置,使车辆中心与丙烯塔重心重合,车辆纵轴线与丙烯塔纵轴线重合。

(4)在鞍座下放置防滑软木板,利用液压平板车升降功能起升平板车,将货物由支墩支撑转移至平板车上。

（5）反复调整丙烯塔位置，确认平板车4点支撑压力误差小于5 kg时，将丙烯塔放置于平板车上。

（6）拆除支墩，装车完毕。

（7）捆扎丙烯塔，确保丙烯塔在车上不发生位移。

（二）车间至码头的短倒运输方案

宁波某机械制造厂专用车间设在宁波镇海五里牌重件码头，海运方便，码头条件较好，专用车间长度30 m，距码头前沿48 m，道路路面具有良好的承载能力，没有任何障碍，无须采取排障措施。由于运输距离较短，将该程运输称为短倒运输，如图6-2所示。

图6-2 短倒运输模拟图

1.可行性分析

短倒运输过程主要涉及道路的承载能力、距离长短、直线弯道等条件，必要时需进行车组运行时的平板车受力验算。该项目制造车间距码头前沿仅48 m，没有弯道，道路条件较好，能够满足短倒运输的要求。

由于货物的重量并不是均匀分布在液压平板车的车体上，因此液压平板车每个模块组所受到的压力也不相同，需要进行弯矩和变形校核，以确定平板车的受力状况是否满足要求。该项目利用法国尼古拉斯提供的平板车技术数据和软件进行了验算，车体的弯矩和变形校核结果均符合要求。

2.短倒运输过程

装车绑扎完毕后，按质量计划检查表的要求检查车体和丙烯塔，在检查没有问题后，以小于3 km/h的速度将平板车按运输路线运行至码头等待装船。

（三）装船方案

经过对发货地和卸货地以及运输工具的详细调查和论证，大件货物的装船方案确定为滚装工艺。即通过平板车将丙烯塔从宁波码头通过滚动方式运至船舶甲板上，再由海运运至海南洋浦港，最后再由平板车将丙烯塔从船上运至洋浦港工地。

由于大件货物的体积、重量均较大，方案的制定需涉及装货港的承载能力、装卸工具的承载能力、船舶的浮态和吃水等多方面的论证。

1.可行性分析

（1）装货港的确定。经调查，宁波机械制造厂无起重能力，装车需由人工顶升后利用平板车自装自卸；此外，码头亦没有起重能力，且由于航道原因，500 t以上的大型浮吊不能进出，故丙烯塔的装船只能采用滚装方式。

（2）卸货港的确定。由于海南炼化续建工程建设期间没有专用码头，因此水运上岸码头只能选择距施工现场约 7 km 的海南洋浦港。

洋浦港现有泊位 6 个，其中 1 个 3 千吨级泊位，2 个 2 万吨级多用途泊位，2 个 3.5 万吨级多用途泊位，1 个 3.5 万吨级集装箱专用泊位及相应配套设施。航道水深 9.2 m，航道宽 150 m，3 万吨级船舶可自如出入。高潮位时，码头平面与水面高差 1.5 m，小于驳船的最小干舷；低潮位时，码头平面至水面高差 5.2 m，大于驳船空载时的干舷高度；平均潮差为 1.81 m，大于滚卸过程中驳船吃水的最大变化量，因此，洋浦港的水文情况基本满足滚卸要求。

（3）运输船舶的选择。经计算，选择船长 92 m、型宽 26 m、型深 5.5 m、额定载重 5 000 t、甲板载荷为 10 t/m² 的加强甲板驳（"海港特 5001"）承担运输，具体船舶参数见表 6-2。

表 6-2　"海港特 5001"的参数

类型	甲板驳
总长（m）	92.00
型宽（m）	26.00
型深（m）	5.50
设计吃水（m）	3.80
方形系数	0.81
载重量（t）	5 000
甲板负荷（t/m²）	10.00
空船重量（t）	1 600
空船重心距基线（m）	5.50
空船重心距中线（m）	0.00
空船重心距船舯（m）	−4.50

当驳船同时装载两个大件丙烯塔时，驳船最小干舷高度为 3 m，而在高潮时，水面到码头平面高差为 1.5 m，小于驳船干舷，因此滚装可以实现。

经过比较，此次海上运输所用拖船"海港 5"号的参数见表 6-3。

表 6-3　"海港 5"号的参数

总长（m）	32.12
型宽（m）	8.8
型深（m）	3.9
平均吃水（m）	2.9
额定功率（kW）	1 100×2

（4）船舶压载水调整和安全参数计算

①压载水的调整。由于该次丙烯塔运输采取的是滚装滚卸，其原理是利用海洋的潮汐变化，借助涨潮时机使船舶随潮汐缓慢上升；随着货物的部分荷载移至船上，因重

力的作用又将船舶高度降下。为了保证液压平板车尽量保持水平,必须采取压舱水和潮汐相配合的方式,保证船舶的浮态稳定,其工艺过程为:在丙烯塔上船前,先将所有后压舱水柜装满水,前压舱水柜空置;丙烯塔上船时,逐渐抽空后压舱水柜的压舱水,并向前压舱水柜灌水。

②船舶稳性计算。由于两件丙烯塔是分别上船的,第一件丙烯塔上船时只能搁置在船舶的一侧,船舶的重心不可避免地产生偏移,此时船舶的稳性至关重要,需要计算各种状态下船舶的稳性。

③船舶吃水计算。在整个装货过程中,船舶吃水变化情况如图6-3所示,图中的结果显示船舶的吃水条件是满足要求的。

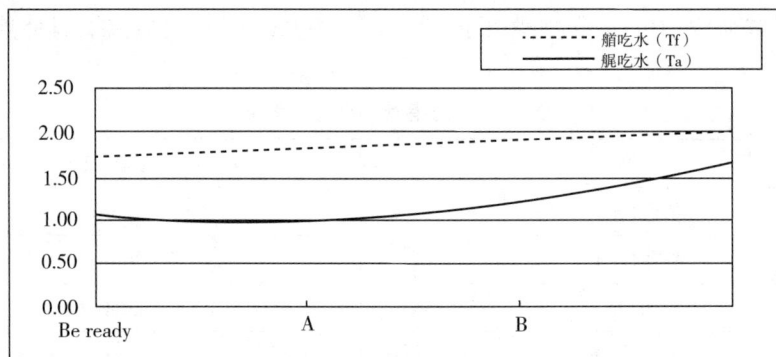

图6-3　吃水变化图

2.滚装前的准备工作

(1)根据水文资料计算作业日的涨潮速率。

(2)根据涨潮速率、滚装船调整压舱水的水泵流量,计算平板车滚装需要的作业时间。

(3)制定详细的运作方案。

(4)向海事部门提出作业申请和作业时间内周边水域部分封航申请。需要封航的原因主要是码头前沿距离主航道仅有130 m,海事处规定驳船在就位锚定时必须离开主航道15 m才能保证正常通航,而此项要求很难达到。另外,作业时若不封航,过往的大马力船舶产生的涌浪可能会对作业驳船的平衡造成不利影响,进而影响滚装作业的安全。

(5)用4块6 m×2 m×0.02 m的钢板和若干楔形木铺设滚装引道。

(6)将平板车辆、驳船与码头呈现"T"字形停靠,驳船用缆绳进行固定。

(7)将平板车与滚装引道对准,并将平板车的高度调整至1.2 m。

(8)为驳船靠码头做好清场准备。

3.滚装上船的过程

(1)第一件丙烯塔滚装上船的过程共分为五个步骤:

①确定滚装作业的时间。假定8月26日第一件丙烯塔滚装上船。由工艺要求,滚装上船需选择涨潮时作业,根据8月26日宁波镇海潮汐表,可选择中午12时开始作业。此时潮高2.1 m,距码头平面3.37 m,驳船空载干舷4.6 m,故此时驳船比码头高1.23 m,通过加压载水,使船体和码头平齐。经计算,第一件丙烯塔上船时,船舶整体将下降

1.2 m,至 1420 时,潮水上涨 0.8 m,排压载水使船体吃水上升 0.4 m,2 h 20 min 后,完成第一件丙烯塔装船作业。

②提前将驳船与码头呈"T"字形摆好并固定妥当,调整驳船型高及姿态,铺设滚装柔性跳板,车组与跳板对正,做好滚装上船准备。

③当船甲板与码头平齐时,再次将系固缆绳铰紧,滚装车组开始上船。随着车组的移动,船甲板将下沉,到船甲板平面下沉与码头平面相差 7～10 cm 时车辆停止,等潮水上涨将驳船抬高;当甲板与码头平齐时,滚装车组再前进一段,不断重复上述过程,直到车组全部上船。为确保滚装过程的安全,保持滚装的节奏,应随时通过调节压舱水来调整驳船的姿态,并配合潮水上涨实施滚装上船。

④丙烯塔滚装上船后,车组继续向前移动,到达指定位置后,在挂车两侧的丙烯塔托架下安放路基板、钢支架,降低挂车高度,将托架落于支架上,使挂车与丙烯塔托架分离,之后将挂车从丙烯塔下抽出,具体步骤如下:

- 车组调整到指定的卸车部位,升高挂车平台;
- 在卸车托架下码放专用承载台及调整钢垫;
- 降低挂车平台,抽出挂车;
- 丙烯塔下搭保护台;
- 车组下船。

⑤上船过程中,驳船随滚装车组在驳船上位置的变化而偏斜,只有车货重心与驳船的承载中心重合时,驳船才能保持正常姿态。因此,滚装过程中必需利用压舱水随时调整,来保证驳船姿态在允许的范围内。

(2)第二件丙烯塔滚装上船

①滚装作业时间确定。滚装上船需选择涨潮时作业,根据 8 月 27 日宁波镇海潮汐表,选择中午 1250 时开始作业,此时潮高 2.1 m,距码头平面 3.37 m,驳船装第一件丙烯塔后干舷 3.4 m,故此时驳船比码头高 0.03 m,无须加压舱水,经计算,第二件丙烯塔上船后,船舶整体将下降 0.9 m,至 16 时潮水上涨 0.9 m,近 2 h 后,完成第二件丙烯塔装船作业。

②其余步骤同第一件丙烯塔装船。

(四)丙烯塔在船上绑扎方案

1.可行性分析

正确、合理地绑扎可以防止超重件在船舶摇摆运动过程中的平移和倾倒。因此,绑扎方案的可行性论证十分重要,包括丙烯塔在风浪中的受力分析和丙烯塔系固绑扎力的计算两部分。

船舶在横摇运动过程中,丙烯塔受到各种外力(如惯性力、离心力、风压力、摩擦力、海浪冲击力和浮力)的作用直接影响到丙烯塔的运输。各种外力的合力按作用力的方向分为:横向力、纵向力、垂向力。这些作用力,尤其是横向力,不仅可能使丙烯塔移动,而且能产生倾倒力矩,造成丙烯塔翻转。

(1)影响外力大小的因素

天气和海况:风的大小和方向、海浪的方向和高度;

船舶装载状态:初稳性高度值、吃水、摇摆幅度、摇摆周期;

船型：型宽、型长、方形系数；

船舶操纵：船速、航向与风向和浪向的夹角；

丙烯塔：丙烯塔重量、丙烯塔重心高度、装载位置。

（2）大件设备绑扎系固受力分析

海上运输时，横向惯性力 f_y 会使得设备横向移动，同时与倾倒力臂 a 形成倾倒力矩，使得设备以倾倒支点发生倾翻。同理，纵向也是一样。受力分析如图6-4所示。

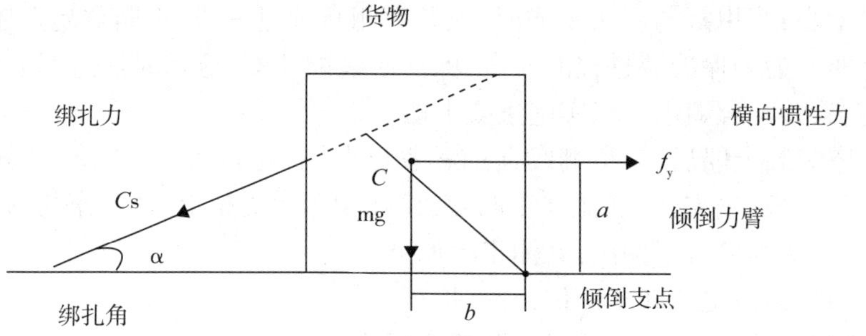

图6-4　船舶运输过程中大件设备受力分析

2.丙烯塔的系固绑扎过程

从宁波到海南洋浦港的海上运输时间较长，大件设备的捆扎必须经过严格的科学计算并且符合中国船级社《货物系固手册编制指南》的要求。

丙烯塔就位后，需要在丙烯塔两侧放置两排共计14个2.5 m高的20号槽钢进行加固。槽钢与船板采取焊接的方式，以保证槽钢的稳定性。在两个槽钢之间使用φ18的钢丝绳16道（φ18钢丝绳的破断拉力为20 t）进行捆扎，钢丝之间通过卡环或松紧扣连接，末端通过地令焊接在甲板上。

（五）丙烯塔卸船

卸船过程与装船过程基本相似。首先，根据洋浦港的水文、潮汐确定卸船日期和时刻，然后按照与滚装上船相反的步骤滚下运输丙烯塔车组，并卸于码头前沿。其过程为：当潮水退到驳船甲板和码头平面平齐时，大件运输车组开始下船，当驳船抬高的高度影响车辆行驶时，停止下船，等待潮水退却。当驳船甲板再次与码头平齐时，大件运输车组再次前行。如此反复进行，直到车组全部开下驳船。

在作业现场，因为洋浦港码头前沿有200 mm宽的边沿（港工专业称为护轮坎，防止车辆掉入水中），高出码头平面约200 mm，是滚装作业的障碍。为了垫平码头并将车货压力更均匀地分布在码头平面上，需使用重3 t、厚200 mm的路基箱作为支垫物及分载梁，其中一块边缘路基箱放在路基箱与码头平面的连接处，做成斜坡式，以便使车辆缓慢平稳驶过。

（六）洋浦港到工地的运输

1.可行性分析

洋浦港至工地的运输实际是生产车间至码头短倒运输的反向，因此对运输车组的要求与宁波的短倒运输相同。但宁波的短倒运输方案距离近、道路条件好，不必过多考虑运输对道路的要求，而洋浦港至工地运输方案则要通过较长距离的公路运输，因此要对道路的条件进行可行性论证。

根据大件设备和运输车组的相关参数,利用专用软件对大件设备公路运输需要的条件进行了模拟,结果如下:

(1)路面承载能力。要求承载力大于 6 t/m²;轮胎接地应力大于 10 kg/cm²;路面驱动力应达到每个驱动轮 2 t。

(2)直线路段通行的要求。直线路段路宽要求大于 8 m;无障碍通道要求高度大于 8.6 m,宽度大于 9.5 m,长度大于 70 m。

(3)直角弯道路段的要求。内侧转弯半径要求为 27.3;外侧转弯半径要求为 42 m;丙烯塔扫空半径为 55 m。

2.洋浦港到工地的运输过程

基于上述模拟分析的结果,并参考洋浦港务、路政和安装公司的选线意见,拟定了绕行的运输路线。在对运输线路的详细考察中,发现现场有部分条件达不到安全运输的技术要求。为此,对于部分承载能力不足的道路,铺设 5 cm 厚钢板;而对于影响车辆转弯的障碍物(包括树木、路灯等)进行拆除清路。

在运输过程中,丙烯塔移动中的朝向十分重要,必须认真策划。根据安装要求,两件丙烯塔就位时头部朝南,海运时丙烯塔尾部朝码头岸边方向。到达现场后正好符合丙烯塔的就位方向,既安全,又便捷。

其他运输要求同短倒运输方案,在此不再重述。

(七) 工地现场卸车

1.可行性分析

由于卸车场地狭小,吊车站位时溜尾吊车(800 t 吊车)在待吊丙烯塔裙座正后方,主吊车(1 250 t 吊车)在待吊丙烯塔正前方,如果吊车提前站位,则运输车辆无法进入吊装位置,若吊车在车辆上直接吊装,则车辆无法驶出。结合以上情况,制定丙烯塔进厂的前期准备如下:

(1)1 250 t 吊车(担任主吊)提前就位待吊;

(2)运输车辆进入丙烯塔吊装区,采用自卸方式卸车;

(3)运输车辆卸车后驶出吊装区;

(4)800 t 吊车(担任溜尾)进入吊装位置。

丙烯塔自卸所需工具主要有:每件丙烯塔需支墩 8 个,每个支墩的承载能力为 150 t。如果卸车时间能满足要求,可考虑仅制作一套支墩,两件丙烯塔轮流使用。另备 2 m×4 m×30 cm 钢板 8 块做分载用,枕木若干。

2.具体自卸过程

(1)在每个支墩下铺设 2 m×4 m×30 mm 厚钢板,车盘降至 1.1 m 高,解开封刹;

(2)车辆处于刹车状态;

(3)在车辆两侧用支墩和枕木将丙烯塔鞍座垫实,此时鞍座底面距地面高度 1 m;

(4)启动车辆,将车盘降至 90 cm 高,此时丙烯塔及鞍座全部落在支墩上;

(5)将车辆驶出,此时丙烯塔与车辆完全分离,卸车完成。

本章小结

水上运输的货物,当单件重量过重,以致不能使用一般的起货设备进行装卸,或当单件尺度过长、过高或过宽，以致在装载方面受到一定限制，称为笨重或长大货物，又称重大件货物。重大件货物的种类按运输途中有无包装，可分为包装重大件和裸装重大件两种；按货物本身的实际特点，可分为以塔、器为代表的大件设备，以大型火炬、排气筒等为代表的高柔结构大件设备，以核电站用穹顶、化工用压力容器及储存油罐为代表的薄壳结构大件设备，以海洋平台、大型桥梁为代表的钢制及混凝土结构大件设备。重大件货物的特点包括长大、笨重性、局部的脆弱性、完整的成套性等。重大件船舶包括重吊船、半潜船、滚装船等各种船舶，重大件货物装卸船舶工艺主要包括：对船舶和船舶积载的要求、装卸船舶工艺的制定、装卸过程中主要工序的工艺选择等。重大件货物装卸火车工艺比较复杂，为保证车辆运行安全和货物不受损失，装卸技术要求严格，必须根据装卸火车的具体情况，制定合理的装卸火车工艺，严格执行操作规程和各项有关技术规定。重大件货物汽车运输主要是承担运输一些超高超宽或远离铁路线的重大件货物，由于汽车本身的性能和运输方式与火车不同，因此，在制定装载汽车工艺时，应根据汽车的运输特点和要求进行。重大件货物装船（车）后，必须进行捆绑加固，这是重大件货物装船（车）过程中最重要的一环，以保障运输工具及货物的安全。

案例分析

案例1：加氢反应器运输案例

（一）项目背景

大连石化公司2006年扩建2 000万吨原油加工项目，有9台关键的催化反应设备——加氢反应器从日本进口，总重量达6 500 t，计划分3个航次进行驳船运输。有中国、日本、韩国等近10家分包公司参与。

（二）实施过程

1.前期准备

（1）2006年2月中旬，先行将4台套用于加氢反应器滚装卸船的托架和支墩，用11个40 ft集装箱运抵日本北海道。

（2）2006年3月，项目组根据对大石化自备码头承重能力的计算分析结果，请水运设计院对自备码头进行加固设计，完成《码头主体强度安全评估报告》和详细的施工图纸及施工方案，并根据方案对途经路线进行了加固。

2.日本装船

首次运输4台反应器，其中2台为17.65 m×10 m×8.575 m，各重672.156 t；2台为20.45 m×10 m×8.575 m，各重809.156 t。原计划租用的船舶没有按时下水，设备如期抵达日本北海道港后又无场地存放。为满足合同要求，中方以最快的速度和相对较高的费用，重新租定了另一家公司的船舶，及时到位装船运输。

新租用的船舶是一艘长85 m、宽27 m的无动力滚装甲板驳船和一艘4 800马力的拖轮。在中日双方聘请的海事检定机构的严密监控下，经周密论证，对4台不同重量的大型反应器进行了绑扎和加固。装船用时一周，船队于3月27日5点30分离开日本前往大连。

3.大连卸船

（1）卸船方式的选择

大件设备通常有吊装和滚装两种卸船方式。由于设备超重，大连码头无法承载大型岸吊和起吊设备的荷载，即便加固也难以达到安全要求；同时由于航道较浅，大型浮吊进入困难，而且费用较高；滚装作业则可以在没有任何装卸设备的情况下，通过自行式平板车卸船并将货物运抵工地，此种卸船方式可节约 1 000 多万元费用。经比较，物流公司决定采用车船滚卸。

（2）运输车辆的选择

此批货物最长达 20.45 m，车辆按 4 纵 16 轴线配备，每轴线要有 16 个轮胎，一般平板车无法满足运输要求。物流公司调用了载重 2 200 t 的自行式平板车。该车辆在上海被拆解后专程运到大连，在码头旁重新组装。随车来连的还有在惠州运过 1 284 t 的大件，创下当时国内船车大件滚卸单重和国内道路运输单重最高纪录的 15 名技术人员。先进的运输设备及经验丰富的技术人员对设备的顺利滚装卸船起到了关键作用。

（3）设备滚装卸船的过程

运输船队经 20 天航程，抵达大连。根据气象和海况，项目组制定了两套卸船方案。

4 月 16 日天气良好，海面很平静，项目组按第一方案实施滚装卸船。参加滚卸的各方严格按作业计划进行，当天下午成功地卸下第一台加氢反应器。

4 月 17 日，天气良好，但涌浪很大，驳船侧摇超过 10°，按项目组作业计划书中不宜卸船的规定，卸船计划取消。

4 月 18 日，天气良好，涌浪转小，驳船前后有小幅摇摆。项目组讨论认为具备卸船条件。根据当天潮汐情况、气象条件、驳船的船舶姿态、货物位置以及 4 月 17 日卸第一台的经验，认为具备同一天内连续卸 2 台的条件。上午 11 点 30 分，在驳船公司、大件公司及绑扎公司的密切配合下，R-1801-2 号反应器按计划平稳卸到工地支墩上。下午 2 点 30 分第三台反应器成功卸下。

4 月 19 日，上午天气尚好，气象预报中午时海面风力将达 8~9 级，此天气条件将不允许作业。如放弃卸船，有可能要等数日才能结束。为赢得时间，项目组决定将卸船计划提前 1 小时 45 分，并对各方提出相应的技术要求，做好应急预案的准备工作。中午 12 点 35 分，最后一台反应器终于顺利卸下，滚卸作业全部完成。

（三）案例分析

这个案例前期准备严密，技术方案正确，现场指挥得当，不失为一个成功案例。但从此次物流操作环节来看，有如下几点经验教训值得注意：（1）预租未下水的船舶，不确定性因素显然较大，在时间保证上将面临较大风险，如果接后环节的条件苛刻，这种租船的安排似有不妥，至少应有租用其他船舶的预备方案，以免仓促找船；（2）如果装船时采用的是吊装工艺，而卸船时采用滚装工艺，增加了工艺上的多样性和复杂性，除有特殊原因，否则应一致为宜；（3）滚装的关键是要有适宜的天气和良好的海况，并且只能在白天进行。此次实行连续多件滚卸作业，一般要持续几天，这种幸运是不宜碰到的，因此除了要注意选择当地天气较好的季节进行作业外，还应有其他应急预案以备不测。

案例 2：海上风电设备运输案例

（一）项目背景

2021 年 2 月 19 日，载有首个长乐外海 C 区吸力式导管架风机基础的平板驳船"振驳 19"轮在拖船协助下从闽江口内港区缓缓驶往长乐外海 C 区海上风电场，标志着福建省内首个吸力式风机基础施工工艺的海上风电场顺利投入建设。

当天出运的吸力式导管架基础长 40.45 m、宽 36.37 m、高 85.74 m、重量达 1 936 t，是目前国内首个顺利出运的单体高度最高、重量最重的吸力式导管架基础。

（二）实施过程

1.前期准备

为保障长乐外海 C 区海上风电场重点工程项目施工建设顺利开展，保障拖带作业安全，福州海事部门提前介入，精心组织，科学安排，周密部署，认真做好各项通航安全保障工作，打造海上大型风电设备成功出运的"福州经验"。

（1）提前组织协调

在前期沟通的基础上组织召开大件设备出运协调会，加强与施工单位、运输单位、制造厂方、拖带船方等各单位的沟通协调，认真分析大件海上运输的特点和难点，为海上拖带运输方案、通航安全保障措施、海上应急预案等提出海事专业意见。

（2）实施交通管制

科学安排船舶进出港计划，提前发布船舶出港动态信息，对闽江通海航道乌猪航段至闽江口 1 号灯浮航段实施临时双向交通管制，合理进行交通组织，及时部署水上警戒力量，保证拖带船组附近水域秩序通畅。

（3）现场保障护航

连江海事处和长乐海事处分批次安排海事执法船艇和执法人员进行现场通航秩序维护和实施护航警戒，督促运输船舶加强大件设备系固绑扎和关键安全设备自查，及时劝导驱离运输路线上的碍航船舶，保障拖带船组航行安全。

（4）全程动态监控

船舶交管中心利用 VTS、AIS、CCTV 等手段对海上长距离拖带过程进行重点监控，督促作业船舶按规定显示信号，开启 AIS 设备，加强甚高频值守，同时发布航行安全信息，提醒过往船舶注意避让。

2.闽江通海航道装船

由于设备超重，码头无法承载大型岸吊和起吊设备的荷载，即便加固也难以达到安全要求；同时由于航道较浅，大型浮吊进入困难，而且费用较高；滚装作业则可以在没有任何装卸设备的情况下，通过自行式平板车装船，这种装船方式可节约 1 000 多万元费用。经比较，物流公司决定采用车船滚装，通过门座式起重机组装吸力桩、导管架和上部箱梁过渡段，三个吸力柱吊装置于自行式平板车上，通过三个自行式液压模块车协同运输，滚装至于平板驳船"振驳 19"轮，滚装装船完成。

3.长乐外海 C 区风电场卸船

此批货物应用于海上风电场，应用场景的特殊性决定了卸船方式只能选择吊装的方式，导管架运输至 C 区海上风电场施工场区后，现场等候的大型重吊船"振华 30"轮立即进行起吊安装。"振华 30"轮是世界最大的起重船，起重量 12 000 t、总重约

14 万吨,这艘船以单臂架 12 000 t 的吊重能力和 7 000 t 360°全回转的吊重能力位居世界第一。该船还安装了 12 个推进器,满足动力定位功能,包括 2 个 2 750 kW 的侧推、6 个 3 800 kW 的可伸缩式全回转推进器以及 4 个 3 250 kW 吊舱式推进器,广泛应用于海上大件吊装、海上救助打捞、桥梁工程建设和港口码头施工等多个领域。20 日下午,随着吸力筒缓慢下沉至约 40 m 水深的海床上,标志着长乐外海 C 区海上风电场项目正式进入全面施工阶段。

（三）案例分析

该案例通过多部门通力合作,成功运达,可视为一个成功案例。在此次装卸工艺过程中有以下几点经验:(1)重大件货物运输过程不同于其他货物,需要具体货物具体分析,超长、超重、外形等各类特点均需考虑,为防止货物在运输过程中受到碰撞或挤压,务必检查需要包装的部位;(2)如果装船时采用滚装工艺,而卸船时采用吊装工艺,显然增加了工艺上的多样性和复杂性,除有该案例这类特殊原因,否则应一致为宜;(3)重大件货物的运输需要重点考虑天气、海况等因素,并要做好应急预案以备不测。

（四）思政分析

2020 年,中国宣布力争 2030 年前实现"碳达峰"、2060 年前实现"碳中和",这也成为国内新能源行业的风向标。中国作为世界第二大经济体,通过推动"碳中和"的战略对提升国际政治地位、大国形象均有特殊意义。绿色能源的发展也是中国利用自己的优势,规避国外石化能源制约的战略举措。在碳中和背景下,风电行业肩负着重要的责任与使命,历史视角下风电行业必将开启一个全新的时代。海上风力资源较陆上丰富,且风向较为稳定,使得海上风力发电较陆上风力发电在同样时间内能提供更多的电力。海上风电项目的顺利开展,离不开专业的重大件货物装卸工艺。不同装卸工艺的组合,可以实现高效、安全的运输作业。

实现高效的装卸运输作业,同样离不开大国重器的支撑。港珠澳大桥岛隧工程海底隧道由 33 节沉管和 1 个最终接头连接而成,承担约 6 000 t 重,最终接头的"振华 30"轮起重船,是中国交建下属上海振华重工设计建造并自营的世界最大起重船,被誉为"大国重器"。该船排水量为 26 万吨,船长 297.55 m,船宽 58 m,具备单臂固定起吊 12 000 t、单臂全回转起吊 7 000 t 的能力。

大国重器擎起国家战略蓝图,重大件货装卸工艺发挥着极其重要的作用。可以预见未来重大件海运企业的核心战略将是服务领先和成本领先。以优质高效的服务和成本管理为企业获得持久的竞争优势和发展动力,将成为重大件海运企业未来创新和发展的主要方向。

思考题

1.重大件货物的概念是什么？重大件货物有哪些？
2.重大件货物装卸船、车应该遵守什么原则？
3.重大件货物装船的过程中,应该注意哪些问题？
4.重大件货物的多式联运如何实现？

第七章
港口指标

通过本章的学习,应该能够:

1.掌握港口指标的概念及其分类;

2.掌握吞吐量的定义及其计算方法;

3.了解港口装卸工作量指标及装卸效率指标;

4.熟知车、船在港停留时间指标的组成;

5.熟知港口生产设备运用指标;

6.了解港口安全质量指标及其他指标。

👤 问题提出

港口指标的概念是什么? 其分类及相关指标间的联系是怎样的? 港口吞吐量是如何分类的? 计算方法有哪些? 装卸自然吨、吞吐量、操作量三者间的关系是什么? 装卸工作量指标包括哪些? 各自的含义是什么? 船舶、车辆在港的主要指标有哪些? 它们是如何计算的? 港口生产设备运用指标有哪些? 其关键指标对生产的指导意义是什么?

第一节 ◉ 港口指标概述

一、指标的概念

指标是一组综合反映企业生产、经营状况及特征的信息。港口指标是一组综合反映港口生产、经营活动状态、特征的信息。

为了保证系统的运行不偏离目标,就要对系统进行控制,而控制的首要条件就是要有合理的标准。在运行过程中也要不断将系统运行的情况与目标相比较,从而调整系统的运行,纠正偏差。这些表明运行目标和运行实际情况的数字就是指标。

港口装卸生产系统的总目标是满足国民经济和社会发展对港口的要求,在此基础上求得国民经济整体的最佳经济效益,并力争港口获得最大的经济效益。要完成这个总目标,要充分合理利用港口的各项生产资源,还要有港口内部各部分之间以及港口与环境之间的协调。为了便于分析比较,上述种种状态都必须数量化,用数量表示其运行的特征,这就是港口装卸工作指标的功能。但是一个指标只能反映系统运行某一方面的数量特征,而要全面认识系统就需要一系列的统计指标。这些相互有联系的,帮助我们认识港口生产系统全貌的一系列指标,就是港口装卸指标体系。

二、指标的分类

(一) 按作用分

按作用分,指标可分为统计指标、计划指标和考核指标三类。

1.统计指标

统计指标系企业对生产经营活动实行全面控制所设立的基本指标系统。统计指标包括计划指标和考核指标,它的统计范围是最广的。

2.计划指标

计划指标是企业生产计划中规定必须达到或完成的生产目标。它是执行计划的依据,也是指导生产和实行考核的基础。计划指标的设置既要反映港口生产经营活动的规模、能力和发展水平,又要反映效果和质量,两者不可偏废。

3.考核指标

考核指标是对企业或各部门的生产、经营、管理工作好坏进行评比、奖惩的衡量标准。它可以是计划指标的内容,但又不完全是计划指标,考核可以侧重于生产中某些薄弱环节。例如,当港口船舶排队严重时,可以把船舶在港时间作为重点考核。又如,为杜绝伤亡事故的发生,可将作业安全作为评比的考核指标。

一般考核指标不宜多于计划指标,故人们常常把统计指标称为塔基,计划指标比为塔身,考核指标就是塔尖,从而形象地反映了它们之间的关系。

(二) 按性质分

按性质分,指标可分为数量指标和质量指标两大类。

1.数量指标

数量指标反映港口生产经营活动的规模和应达到或已达到的数量水平,它们通常用绝对数来表示的。港口装卸工作的主要数量指标有:吞吐量、装卸自然吨、操作吨、堆存货物吨天、泊位数、库场总面积、起运量等。

2.质量指标

质量指标反映港口生产经营活动所应达到的或已经达到的效果和工作量的水平。它们是用相对数表示的,如比例、比值、百分率等。港口装卸工作中主要的质量指标有:操作系数、直取比重、船舶平均每装卸千吨货在港停时、泊位利用率、装卸机械利用率、库场容量运用率等。

数量指标是质量指标的基础。因为任何质量指标都是数量指标之间或数量指标与时间的比值,所以数量指标设置得合理与否,与人们认识生产经营活动关系很大。装卸工作指标体系中存在的主要问题是数量指标不等量,就是数量指标中由于内部结构不同,其所含的劳动量(含物化劳动与活劳动)也不一样,这大大地影响了装卸工作指标体系的作用,下面将结合具体指标详细讨论。

三、港口装卸工作指标体系

港口装卸工作指标是一组综合反映港口装卸生产、经营状态的信息，或者叫作港口装卸工作指标体系。它是由装卸工作量指标、车船停时指标、泊位运用指标、库场运用指标、机械运用指标、驳运指标、劳动工日指标、安全与质量指标等组成的（见图 7-1）。指标体系的设计是一项非常重要的工作，一个完善的指标体系应对生产起不断促进和提高的作用。

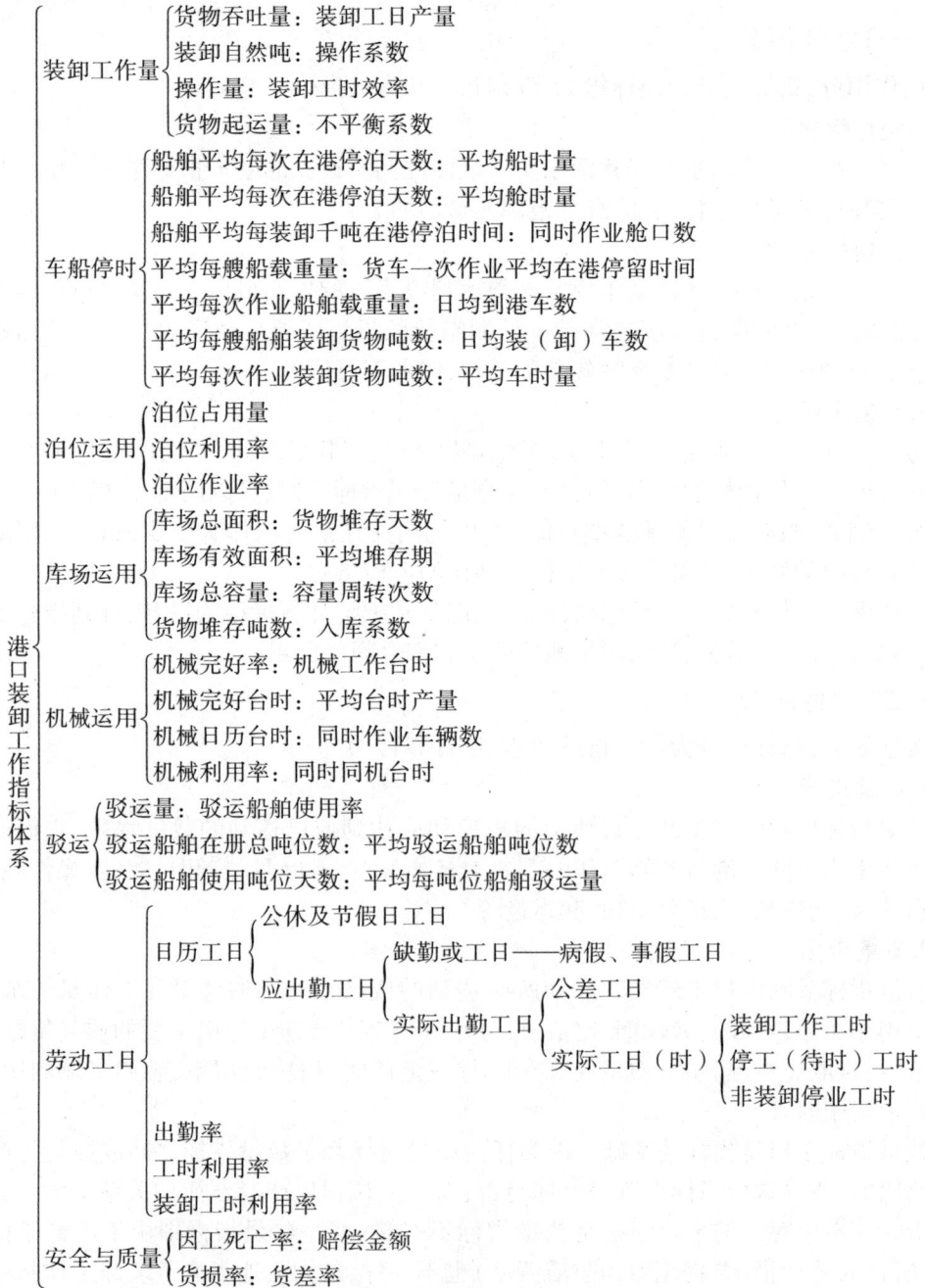

港口装卸工作指标体系

装卸工作量
- 货物吞吐量：装卸工日产量
- 装卸自然吨：操作系数
- 操作量：装卸工时效率
- 货物起运量：不平衡系数

车船停时
- 船舶平均每次在港停泊天数：平均船时量
- 船舶平均每次在港停泊天数：平均舱时量
- 船舶平均每装卸千吨在港停泊时间：同时作业舱口数
- 平均每艘船载重量：货车一次作业平均在港停留时间
- 平均每次作业船舶载重量：日均到港车数
- 平均每艘船舶装卸货物吨数：日均装（卸）车数
- 平均每次作业装卸货物吨数：平均车时量

泊位运用
- 泊位占用量
- 泊位利用率
- 泊位作业率

库场运用
- 库场总面积：货物堆存天数
- 库场有效面积：平均堆存期
- 库场总容量：容量周转次数
- 货物堆存吨数：入库系数

机械运用
- 机械完好率：机械工作台时
- 机械完好台时：平均台时产量
- 机械日历台时：同时作业车辆数
- 机械利用率：同时同机台时

驳运
- 驳运量：驳运船舶使用率
- 驳运船舶在册总吨位数：平均驳运船舶吨位数
- 驳运船舶使用吨位天数：平均每吨位船舶驳运量

劳动工日
- 日历工日
  - 公休及节假日工日
  - 应出勤工日
    - 缺勤或工日——病假、事假工日
    - 实际出勤工日
      - 公差工日
      - 实际工日（时）
        - 装卸工作工时
        - 停工（待时）工时
        - 非装卸停业工时
- 出勤率
- 工时利用率
- 装卸工时利用率

安全与质量
- 因工死亡率：赔偿金额
- 货损率：货差率

图 7-1　港口装卸工作指标体系

第二节 ◉ 吞吐量

一、吞吐量概念及其分类

吞吐量是港口指标体系中最重要的产量指标,它分为旅客吞吐量和货物吞吐量。

(一)旅客吞吐量

旅客吞吐量是指由水运乘船进、出港区范围的旅客人数。其计算单位为人次。旅客吞吐量应包括旅游船进、出口的旅客人数。但不包括港区内轮渡及短途客运旅客人数、免票儿童以及各船舶的船员人数。

(二)货物吞吐量

货物吞吐量是指经由水运运进、运出港区范围并经装卸的货物数量。包括邮件及办理托运手续的行李、包裹,以及补给船舶的燃、物料和淡水。

货物吞吐量由出口吞吐量和进口吞吐量两部分组成。出口吞吐量是指从本港装船运出港口的货物数量,包括在本港扎排运出的竹木排。进口吞吐量是指由水运运进港口卸下的货物数量,包括流放或由船舶拖带进港、在本港拆排的竹木排。

二、吞吐量的计算

货物吞吐量的计算方法:

(1)自本港装船运出港口的货物,计算为出口吞吐量;

(2)自水运运进港口卸下的货物,计算为进口吞吐量;

(3)自水运运进港口,经装卸又从水运运出港口的转口货物,分别按进口和出口各计算一次吞吐量;

(4)货物吞吐量必须以该船需在本港装卸的货物全部卸完或装妥并办完交接手续后一次进行统计。

上述货物中包括邮件及办理托运手续的行李、包裹以及补给运输船舶的燃、物料和淡水。

下面一些情况不能计算为货物吞吐量:

(1)由同一船舶运载进港,未经装卸又运载出港的货物(包括原驳换拖);

(2)由同一船舶卸下,随后又装上同一船舶运出港口的货物;

(3)由本港装船未运出又卸回本港的货物;

(4)本港港区范围内的轮渡、短途运输货物以及为运输船舶装卸服务的驳运量和各码头之间的驳运量;

(5)港口进行疏浚运至港外抛弃的泥沙及其他废弃物;

(6)在同一市区内港与港之间的货物运输;

(7)路过的竹木排,在港进行原排加固、小排并大排或大排改小排等加工整理的;

（8）渔船或其他船舶直接自江、海、湖泊中捕捞运进港口的水产品以及挖掘的河泥。

在吞吐量中对"转口吞吐量"和"船过船转口吞吐量"另行统计。转口吞吐量是指水运运进港口，经装卸后又从水运运出港口的货物数量。包括船—岸—船间接换装转口和船—船直接换装转口两个部分。其中船过船转口吞吐量是指船—船直接换装转出的货物数量，它是转口吞吐量的组成部分，在统计时要另行列出。这部分吞吐量通常算为水水中转吞吐量。

吞吐量除了按总数统计或编制计划外，还要细分为若干组。这些组是：

（1）按货物的贸易性质，分为内贸吞吐量与外贸吞吐量。内贸吞吐量是指对内贸运进、运出港口货物数量，包括与经济特区之间贸易往来的货物，但不包括香港与澳门；外贸吞吐量则是指我国与外国（地区）之间贸易往来运进、运出港口的货物数量，包括在我国港口中转的转口贸易货物，也包括与香港、澳门之间贸易往来的货物。

为了进一步了解货物的具体流向与运输方式，各港吞吐量还要按装（卸）货港、货类、船种分别进行统计。在那些航线比较复杂的港口，各港的吞吐量还要按照航线编制计划进行统计，如上海港的内贸货物就分为：北方沿海、南方沿海、长江和内河 4 条航线。

（2）按货物的类别，分为：煤炭及其制品；石油、天然气及其制品；金属矿石；钢铁；矿物性建筑材料；水泥；木材；非金属矿石；化学肥料及农药；盐；粮食；机械、设备、电器；化工原料及制品；有色金属；轻工医药产品；农、林、牧、渔业产品；其他货类。

（3）按装运货物的船舶种类，可以分为杂货船、散装船、滚装船、集装箱船、油船、客货船、其他。

（4）外贸吞吐量按承运船舶的国籍，分为本国船与外国船（以船舶证书记载为准）；按承运船舶的派船方分为我方派船及对方派船。我方派船包括我国船舶承运和我方租用外轮承运，对方派船也包括对方租用我国船舶承运的部分。

（5）按货物所通过的码头泊泣，逐个泊位统计。每个泊位所通过的吞吐量都要根据货物分类，并分总计、外贸出口、外贸进口、内贸出口、内贸进口统计。

货物吞吐量的统计一律按重量吨统计，以吨为计量单位。集装箱的自重也计算在吞吐量中。

根据上述要点，吞吐量统计工作量很大，用人力统计难以完成，必须使用电子计算机。在这方面我国港口已获得了满意的效果。

货物吞吐量是港口的最主要的指标，它反映了港口在国民经济和社会发展中的地位，作为指令性计划指标的吞吐量则反映了国民经济有计划按比例的增长对港口的要求。

长期以来，都是以吞吐量的大小说明港口的经济地位，随着社会进步，运输方式的变化，在国际上已经以集装箱吞吐量（以标准箱 TEU 计）作为衡量港口经济地位的指标。

在港口的经营管理上，货物吞吐量是港口指标体系中最主要的产量指标，所以它的水平反映了港口经营管理的综合水平。港口吞吐量计划是港口计划体系中最基本的计划，其他各种计划都以它为基础，在港口规划设计中，也是根据货物吞吐量计划确定港口的规模及各项参数的。

吞吐量指标不等量的问题是吞吐量指标存在的缺陷。所谓吞吐量指标不等量是指完成一吨不同货种的货物,劳动消耗(含物化劳动和活劳动)有很大的差别。国外有人估计装卸石油、散货与件杂质货劳动量之比为1:4:12,这个比例不一定可靠,但也说明劳动消耗差别之大。因此,人们就很难仅仅从吞吐量的大小来判断一个港口的规模或评价一个港口的工作。

除了货种结构以外,货物流向也对劳动消耗影响很大。例如同样是一吨煤炭,装船和卸船就大不一样。就如秦皇岛港(装煤港)和全国卸煤最快的港口上海港比较,千吨煤炭装卸的小时,上海港就比秦皇岛港要多2/3左右。货物流向的另一影响是中转方式。同样一自然吨的货物,水陆中转计算为一吨吞吐量,而水水中转则计算为两吨。这就扩大了河口港口的吞吐量。以上海港为例,在上海港的吞吐量中,中转占一半左右,而其中水水中转占中转的85%~90%,因此,上海港的吞吐量要比海湾港(以水陆中转为主),也就是比自然吨要多出1/5左右。虽然,水水中转比水陆中转消耗要多,但这种统计方法可能会产生一些不良的后果,如港口对水水中转的兴趣比水陆中转的兴趣高,在生产组织中就容易厚水水中转,薄水陆中转等。

由于以上两个原因,当吞吐量中货种与流向结构不同时,吞吐量之间无论是横向(各港之间同时期)还是纵向(同一港口的不同时期)比较,意义都不大。

在有些国家中,货物吞吐量的计量单位用换算吨,我国也有人提出过这个建议。所谓换算吨就是以某一货种(如石油)为基数,即1 t计算为1 t,其他货种则依照其难易程度折算为石油的吨数,即换算系数。其换算吞吐量则是所有货种的吨数与其换算系数乘积的总和。这个方法在计算机已经普及了的今天,计算上并非难事。但是,货物吞吐量是港口技术设施、人及管理等各项生产资源综合作用的结果,因此要订出一个比较合理的换算系数却非易事。而且如果换算系数不合理,不仅起不到换算的作用,还将增加统计工作量,不如不用。为了解决这个问题,对吞吐量指标的下达与考核都分货种和流向,而不作统一的考核。

根据交通运输部的规定,统计货物吞吐量的原始记录是货物交接清单或货物运单。但在港口工作中,为了及时向领导和有关管理人员提供信息,作为决策参考,建立了快速统计。它以卸货日报或理货单作为原始记录,虽然与实际情况可能会有些出入,但作为决策的参考,准确度也够了。

吞吐量统计的截止时间,一律以年、季、月末一天的18点整为截止时间,也就是在这以前全船装完或卸完的船舶才能列入本期完成的吞吐量,否则统计为下期完成的吞吐量。在实际工作中有时会因争取本期计划的完成,不恰当地集中了过多的资源于一条船,从而打乱了港口生产节奏,应该尽量防止。

吞吐量大小关系到是否需要设置专业化泊位和采用专业化机械。专业化生产是社会大生产的产物,是现代化大工业发展的客观规律和基本特征。实行专业化生产后,企业就可以用专门设备和特殊的工艺,有利于实现机械化、自动化,提高生产技术水平和劳动熟练程度,从而大大增加产量,提高质量,降低成本。但是专业化生产能否取得良好的经济效果,关键的因素是要具备一定的产量。如果产量不足,专业化生产后会因设备利用不足而提高成本。同样的道理,吞吐量大小也关系到机械设备应具有的生产能力,从而影响到所需配备的机械设备的类型和数量。吞吐量大时,应设置生产能力较高的机械设备以获得较高的港口通过能力；当吞吐量很小时，最好采用构造简单，造价低廉，而又能保持相当生产能力的机械系统。对生产任务显著不均衡的受季节性影响大的货物，则要考虑泊位在空闲季节的充分利用问题。

第三节 ◎ 装卸工作量指标

港口企业的主要生产活动是货物的换装。因此，反映装卸工作进行情况的装卸工作量就是对港口生产活动进行全面的描述。通过一组指标对装卸工作进行统计分析，能发现港口装卸工作中的经验和存在的问题，从而改进和提高港口的装卸工作。

这组指标包括装卸自然吨、操作量、货物起运量、操作系数、装卸工时效率、装卸工日产量等。在统计工作中，凡在港口集团所管辖的码头、锚地、浮筒以及库场上进行的装卸作业都要纳入统计的范围。

一、装卸自然吨

装卸自然吨是指进、出港区并经装卸的货物数量。一吨货物从进港至出港（包括进港后不再出港，在港内消耗的物资，如建港物资等），不论经过几次操作，均只计算为一装卸自然吨。

装卸自然吨像吞吐量一样都是港口装卸工作量的主要指标。它与吞吐量之间的最大区别就在于水水中转货物在港口进行换装作业时，每一装卸自然吨计算为两个吞吐吨，而水陆中转则统计为一个吞吐吨。由于装卸自然吨不随着货物装卸工艺过程的变化而变化，因此，它通常被用来作为计算港口装卸成本及其他一些指标的基础。

在计算装卸自然吨时，除进港后不再出港（即在港内消耗的建港物资）的货物在进港时统计外，其余一律于装船或装车出港时统计。这种统计首先符合港口生产活动的特点，即当货物装运出港时才完成了港口的生产过程，才是完成一个完整的产品。也可以促进港口不仅重视卸货，而且更重视装货，这对提前实现商品的使用价值是有利的。同时，也有利于减少货物在库场的积压，保持港口的畅通。

装卸自然吨与吞吐量之间的关系可用下式表示：

$$Q_自 = Q_吞 \div (2 - \alpha) \text{ 或 } Q_吞 = Q_自 \times (2 - \alpha) \tag{7-1}$$

式中：$Q_吞$——吞吐量；$Q_自$——装卸自然吨；α——货物水陆换装比重。

二、操作量

吞吐量或装卸自然吨只能反映港口装卸工作的社会效果，并不能完全反映港口的工作量，因为货物通过港口往往有不同的操作过程，为了反映港口在完成上述产量时所消耗的实际工作量和港口生产的组织管理水平，在港口统计指标体系中设有操作量指标。

操作量是指通过一个完整的操作过程所装卸、搬运的货物数量，计算单位为操作吨。在一个既定的操作过程中，一吨货物不论经过几组工人或几部机械的操作，也不论搬运距离的远近,是否有辅助作业,均只计算为一个操作量。操作量是反映装卸工作量大小的数量指标。

完整的操作过程是指货物由某一种运输工具(船或车)到另一种运输工具(车或船)或库场,即货物在船、车、库(场)之间每两个环节所完成的一个完整的装卸搬运过程。它是由舱内、起落舱、水平运输、库(场)(或车)内等若干道工序组成的。

操作过程一般划分为:船⇆船;船⇆车;船⇆库(场);车⇆库(场);库(场)⇆库(场)。

装卸自然吨、吞吐量和操作量之间的关系如表7-1所示。

表 7-1 装卸自然吨、吞吐量和操作量之间的关系

操作过程	自然吨	吞吐量	操作量
船—船	1	2	1
船—库(场)—船	1	2	2
船—车—库—车—船	1	2	4
船—港内驳运—库—船	1	2	3
车—船	1	1	1
车—库(场)—船	1	1	2
车—库(场)—车—船	1	1	3
车—库(场)—港内某处(建港物资)	1	0	2
船—库(场)—港内某处(建港物资)	1	1	2
船—库(场)—库(场)—车	1	1	3

三、货物起运量

货物起运量指标是反映港口装卸机械工作量大小的指标,又叫装卸机械起运量指标。它是把起重搬运机械按机台完成的工作量进行综合统计相加得出的,计量单位为起运吨。在实际装卸作业中,对分机种、机台实际完成的工作量分别进行统计,公式表示为:

$$Q_{起} = \sum_{i=1}^{m} \sum_{j=1}^{n} G_{ij} \tag{7-2}$$

式中:$Q_{起}$——货物起运量;

G_{ij}——第 j 类机械完成第 i 类货物的起运量;

$i = 1, 2, \cdots\cdots, m$ 货物类,$j = 1, 2, \cdots\cdots, n$ 机械类。

四、装卸工时效率

装卸工时效率是表明装卸劳动生产率的指标之一。它是指装卸工人(包括机械司机及其助手)平均每人工作 1 h 所完成的操作量,其计算公式为:

$$P_{工时} = \frac{Q_{操}}{N_{工时}} (操作吨 / 工时) \tag{7-3}$$

式中：$P_{工时}$——装卸工时效率（操作吨/工时）；

$Q_{操}$——与装卸工时数相对应的操作量；

$N_{工时}$——装卸工时数。

装卸工时效率是港口装卸工作指标体系中说明劳动生产率水平的指标之一。港口装卸中相当多的环节是劳动密集的作业，也是劳动强度大并带有一定危险性的作业。在港口实现机械化，不但可以降低产品成本和提高劳动生产率水平，而且也是降低劳动强度和减少劳动危险性的重要途径。因此，通过提高装卸机械化、自动化水平，提高装卸工时效率是港口的重要任务之一。

五、装卸工日产量

装卸工日产量是表明港口劳动生产率的指标之一。它是指装卸工人（包括司机和助手）平均每个装卸工日所完成的操作量，其计算公式为：

$$P_{工日} = \frac{Q_{操}}{N_{工日}}（操作吨／工日）\tag{7-4}$$

式中：$N_{工日}$——装卸实际工日数。

装卸实际工日数是指装卸工人（包括司机及助手）出勤后实际装卸作业的工日数，包括节、假日加班装卸日在内。凡一个装卸工人出勤参加装卸工作，不论是否满一个工班，或加班加点超过一个工班，均按一个装卸工日计算。

装卸工人因执行国家或企业指示，出勤后参加会议、学习、民兵训练、文体活动、基建施工等非装卸工作及整工班待时，均不得计为装卸工日数。

虽然装卸工时效率和装卸工日产量都是说明劳动生产率的指标，但是装卸工时是指配工后的工作时间，而装卸实际工日数是指出勤后从事装卸的工日数，即工日数包括工间待时的时间，它可以转化为：

$$P_{工日} = \frac{Q_{操}}{N_{工日}} = \frac{Q_{操}}{N_{工时}} \times \frac{N_{工时}}{N_{工日}} = P_{工时} \times \frac{N_{工时}}{N_{工日}}\tag{7-5}$$

从式（7.5）中可以看出，影响装卸工日产量的除影响工时效率的全部因素外，还有$\frac{N_{工时}}{N_{工日}}$，即实际从事装卸工时的利用程度。

六、操作系数

每一自然吨货物通过港口时由于其所经过的流程不同而产生不同的操作量，操作量的多少并不具有社会效果，相反，操作量越多，劳动消耗也就越多，而我们总是希望用最少的劳动消耗来取得最大的社会效果。为了分析这个问题，在指标体系中就设置了操作系数。

操作系数是操作量和与之相应的货物装卸自然吨之比。它测定每吨货物在本港内的平均操作次数，它是考核港口装卸工作组织的主要质量指标之一。其计算公式为：

$$K_{操} = \frac{Q_{操}}{Q_{自}}\tag{7-6}$$

式中：$K_{操}$——操作系数；$Q_{操}$——操作量；$Q_{自}$——装卸自然吨。

　　由于每吨货物通过港口至少要经过一次装卸,因此操作系数不会小于1。如果港口全部装卸工作都是以直接作业的形式进行(如船⇆船或船⇆车),则操作系数等于1。但实际上,由于水陆运输工具的衔接以及由于作业的需要等种种原因,总是会有一部分货物在进港后要先入库(场)保管,然后再装上运输工具运出港口。所以,操作系数总是大于1的。

　　在一般情况下,操作系数低的港口,直取比重高,库(场)需要量少,完成换装作业所消耗的劳动量少,成本较低,货损也少。这是港口组织工作所追求的目标。但是,由于多种因素作用的结果,不能仅仅依据操作系数判断港口组织工作的水平。

　　降低操作系数就要提高货物装卸的直取比重,而提高的关键是不同运输工具之间良好的衔接,但良好的衔接又依赖于运输工具的到港规律及港口组织工作的水平。另外,货物的批量大小也是影响直接换装比重的重要因素,批量越大,直接换装比重可能越大,批量较少的货物直接换装就有一定的难度。

七、不平衡系数

　　这是一个描述港口生产状态不稳定特征的常用参数。通常用于描述船舶流、车流、货流等到港的规律特征;船舶、车辆、库(场)、泊位、机械等装卸作业状态不稳定特征。应用于具体对象,就可以命名为其对象的不平衡系数。港口生产各环节的不平衡系数是不同的。不平衡系数测定法,一般应用统计分布的方法进行计算,其计算方法为最大比平均。

第四节 ◉ 车、船在港停留时间指标

　　车、船在港停留时间是指运输船舶或车辆自进港到离港的一段停留时间,简称车船停时。

　　运输工具在港停留时间的长短是港口装卸生产效率的重要标志。压缩在港停留时间也是提高运输效率的有效途径。以船舶为例,20世纪80年代,沿海运输船舶在港停泊时间中,非生产性停泊时间占2/3左右。因此,缩短非生产停泊时间,加速船舶周转潜力很大。缩短船舶在港停时,既可加速船舶周转,又可提高泊位效率及港口的通过能力,使港口能更好地满足国民经济和社会发展的需要,同时也可提高港口自身的经济效益。

一、船舶在港停泊时间

　　船舶在港停泊时间所考核和统计的范围是在港口企业督辖的码头、浮筒、锚地上进行装卸货物的运输船舶(海港在500载重吨以上船舶,河港在100载重吨以上货船),既不包括路过及来港避风未装卸货物的船舶,也不包括计划批准停航的船舶、卸完货后准备修理的船舶、在装卸时间以外洗刷锅炉及其他处于非营运状态的船舶。对外籍船舶,则不论其所停泊码头的隶属关系由什么单位进行装卸,都要进行考核或统计。船舶在港停时的计量单位为"艘天"或"艘时"。

船舶在港停时统计的截止时间一律以月、季、年最后一天的 1800 时为截止时间。凡 1800 时前装卸完毕且已发航的船舶，则统计在本报告期内。这与吞吐量统计的口径一致。

船舶在港停时的起讫时间按以下规定计算：

（1）船舶进港直接靠码头时，从靠好码头时起到装卸货物完毕离开码头时止；船舶进港先在锚地或浮筒停泊时，从在锚地、浮筒泊妥时起至装卸货物完毕离开锚地、浮筒时止。

（2）在港停泊处于非营运状态的船舶停泊时间不做统计。例如重载进港、卸货完毕后转入停港封存、修理或报废拆除的船舶，其在港停泊时间起至统计的货卸完时止；在装卸时间以外进行清洗锅炉及航次检修的时间不计为在港停泊的时间。

（一）船舶在港停泊时间的组成

船舶在港停泊的时间由生产性停泊时间、非生产性停泊时间和由自然因素引起的停泊时间三部分组成。

1.生产性停泊时间

生产性停泊时间包括船舶在运输生产过程中所必需的停泊时间。它分为装卸作业时间、技术作业时间、移泊时间及其他生产性停泊时间。

（1）装卸作业时间，包括装卸前后的张挂安全网、起落吊杆、开盖货舱、接拆输油管等准备和结束时间，装卸货物时间（包括补给船用燃、物料）货物加固捆绑或拆解时间，扫舱、洗舱及熏舱、油船加温等辅助作业时间。

（2）技术作业时间，包括船舶靠离泊位、浮筒时间，拖驳运输船舶的编、解船队时间。

（3）移泊时间，是指装卸作业计划中规定或因港口条件限制，必须从这一泊位移至另一泊位的移泊时间。

（4）其他生产性停泊时间，是指不属于上述各种原因的其他生产性停泊时间，如船舶联检时间等。

2.非生产性停泊时间

非生产性停泊时间指出于装卸组织、运输工作不善或因货物不能按时集中等运输生产过程中非必需的停泊时间，按其生产原因可分为：

（1）港方原因造成的非生产性停泊，包括因港口能力不足或调度不当，致使船舶等码头泊位、等库（场）、等工人、等港作拖轮、驳船以及港口装卸机械故障等由于港口方责任所造成的停泊时间。

（2）船方原因造成的非生产性停泊，包括因船方责任而等候货物积载图、等船员、等运行拖驳以及船上装卸机具和照明发生故障等造成的停泊时间。

（3）物资部门原因造成的非生产性停泊，包括因物资部门责任，货物流向未定不能开工卸货或货物未按时集中而等货；物资部门未及时提货造成库场堵塞，以致船舶无法作业而造成的停泊时间。

（4）其他原因造成的非生产性停泊时间，这是指除上述原因以外所造成的非生产性停泊时间，如联检等。

3.由自然因素引起的停泊时间

自然因素引起的停泊时间是指因自然因素影响而造成的停泊时间,包括因风、雨、雪、雾而不能作业,高温季节工人午休、候潮进出港等造成的停泊时间,也包括船舶到指定地点避风的停泊时间及其往返的航行时间。

在对船舶停泊时间进行分类时,对那些在同一时间内,船舶停泊时间由两种或两种以上不同性质的原因引起时,应将停泊时间计入主要的或停时较长的一种原因之中。

(二) 船舶在港的主要指标

1.船舶平均每次在港停泊天数

船舶平均每次在港停泊天数是船舶从进港时起到出港时止的平均每艘船在港停泊时间。其计算公式为:

$$\overline{T}_{次} = \frac{\sum\limits_{i}^{N} T_{停_i}}{N_{次}} \ (\text{d}) \tag{7-7}$$

式中:$\overline{T}_{次}$——船舶平均每次在港停泊天数;$\sum\limits_{i}^{N} T_{停_i}$——船舶停泊总艘天数;$N_{次}$——船舶停泊总艘次数,即船舶在港停泊艘次的总和。

一般船舶从进港起到出港止,不论是仅仅装货还是卸货,或者又装又卸,也不论移泊次数的多少,都只计算为一个停泊艘次。

2.船舶平均每次作业在港停泊天数

船舶平均每次作业在港停泊天数是指船舶从进港起到出港止平均每艘船每次作业在港的停泊时间。其计算公式为:

$$\overline{T}_{作业} = \frac{\sum\limits_{i=1}^{N} T_{作业_i}}{N_{作业}} \ (\text{d}) \tag{7-8}$$

式中:$\overline{T}_{作业}$——船舶平均每次作业在港停泊天数;$\sum\limits_{i=1}^{N} T_{作业_i}$——船舶在港作业停泊的天数总和;$N_{作业}$——船舶在港作业总艘次数,即船舶在港装卸作业次数的总和。

一般在港单装或单卸只计算为一个作业艘次,而卸货后又装货的双重作业则计算为两个作业艘次。

3.船舶平均每装卸千吨货在港停泊时间

这个指标通常简称为千吨货停时,它是指在港停泊船舶平均每装卸千吨货的在港停泊时间。这有利于不同吨位船舶的比较。其计算公式为:

$$\overline{T}_{千} = \frac{\sum T}{\sum Q} \times 1\,000 \ \text{t} \tag{7-9}$$

式中:$\overline{T}_{千}$——船舶平均每装卸千吨货在港停泊时间;$\sum T$——船舶装卸货物停时(艘天)等于生产性停泊时间和港方原因非生产性停泊时间之和;$\sum Q$——船舶装卸货物吨数之和。

4.平均每艘船舶载重量

这是指来港停泊装卸的平均每艘船舶的定额载重量,其计算公式是:

$$\overline{Q}_{艘载} = \frac{\sum Q_{载}}{N_{次}}$$ (7-10)

式中: $\overline{Q}_{艘载}$ ——平均每艘船舶载重量(吨); $\sum Q_{载}$ ——船舶定额载重量之总和。

5.平均每次作业船舶载重量

这是指来港停泊装卸的船舶,平均每装卸艘次的定额载重量,其计算公式为:

$$\overline{Q}_{作载} = \frac{\sum Q_{载}}{N_{作业}}$$ (7-11)

式中: $\overline{Q}_{作载}$ ——平均每次作业船舶载重量(吨)。

6.平均每艘船舶装卸货物吨数

这是指来港停泊装卸的船舶,平均每艘次装卸货物吨数,其计算公式为:

$$\overline{Q}_{艘装载} = \frac{\sum Q}{N_{次}}$$ (7-12)

式中: $\overline{Q}_{艘装载}$ ——平均每艘船舶装卸货物吨数。

7.平均每次作业装卸货物吨数

这是指来港停泊装卸的船舶,平均每次作业装卸货物吨数,其计算公式为:

$$\overline{Q}_{作装卸} = \frac{\sum Q}{N_{作业}}$$ (7-13)

式中: $\overline{Q}_{作装卸}$ ——平均每次作业装卸货物吨数。

8.平均船时量

平均船时量是指来港装卸的船舶平均每艘船每小时所装卸的货物吨数,其计算公式为:

$$\overline{P}_{船时} = \frac{\sum Q}{\sum T_{船}}(吨／艘时)$$ (7-14)

式中: $\overline{P}_{船时}$ ——平均船时量(吨/艘时); $\sum T_{船}$ ——船舶装卸作业时间之总和。

9.平均舱时量

这是指在港装卸的船舶平均每一舱口一小时所装卸的货物吨数,其计算公式为:

$$\overline{P}_{舱时} = \frac{\sum Q}{\sum T_{舱}}(吨／舱时)$$ (7-15)

式中: $\overline{P}_{舱时}$ ——平均舱时量(吨/舱时); $\sum T_{舱}$ ——船舶作业舱时之总和。

作业舱时是指船舶各舱口作业小时。一个舱口开一条作业线作业一小时,则计算为一个作业舱时;如果一个舱口开两条作业线作业一小时,则计算为两个作业舱时。

船舶国籍不同(即本国船和外国船),所载货物及流向不同,船舶类型(分普通船和专用船)及大小不同,对上面这组统计指标有很大的影响。为了便于分析比较,上述指标要分国籍、分货种和分船舶进行统计。

10.同时作业舱口数

同时作业舱口数即港口同一时间可以开工作业的舱口数,它取决于港口装卸能力及其组织。同时,作业舱口数应该根据港口的生产任务确定,可以用下列公式计算:

$$\overline{N}_{舱} = \sum_{i=1}^{m} \frac{Q_i}{T_{营} \cdot t_{日} \cdot \overline{P}_{i船} \cdot \overline{m}_{i舱}} \tag{7-16}$$

式中:$\overline{N}_{舱}$——同时作业舱口数;$T_{营}$——港口营运期(各类泊位营运期);

$t_{日}$——港口日工作时数;$\overline{P}_{i船}$——第 i 类货物船舶装卸工时效率(t/工时);

$\overline{m}_{i舱}$——第 i 类货物舱口作业线配工人数(人/舱);

Q_i——第 i 类货物营运期运量(或船舱作业量)。

二、铁路货车在港停留时间

铁路运输是我国一些港口的主要集疏运方式,因此,缩短铁路货车在港口的停留时间,加速其周转与加速船舶的周转具有同样的意义。

铁路货车在港停留时间是反映铁路货车在港时间的指标。因为它的计量单位是车小时,所以也简称"车点"。在港口统计车点因受信息源和计算工具的限制,目前都是用非号码制的方法。

这组指标统计的范围包括所有在港区管辖范围内的火车装卸线或路、港协议规定的交接线内装卸货物的铁路货车,但不包括港口自备货车。

统计报告的截止时间一律以 1800 时为准,1800 时以前装卸完毕并与路方办妥交接手续的车辆,统计在本报告期内。

(一)货车一次作业平均在港停留时间

这是一个反映铁路货车在港停留时间的指标,指报告期内已发出车辆在港区范围内平均每辆车每作业车次的停留时间。其计算公式为:

$$\overline{T}_{车次} = \frac{\sum_{i=1}^{N} T_{车}}{N_{作次}} \tag{7-17}$$

式中:$\overline{T}_{车次}$——一次作业平均在港停留时间(h);$\sum_{i=1}^{N} T_{车}$——总停留车时数,是指报告期在港车辆停留小时的累计数;$N_{作次}$——作业车次数,是指装车数与卸车数的总和,即装(或卸)一辆车计算为一个作业车次,同一辆车卸货后又进行装货的车称双重作业,计算为两个作业车次。

总停留车时数的计算方法视港口有无调车机车而不同。对有调车机车的港口,其总停留车时的计算是从路局将车辆送至路港交接线,路、港双方检验完车体,办理完交接手续起至装卸作业完毕,港方将车辆送到路港交接线,办理完交接手续止。它包括解体、编组、接运车辆的运转等技术作业时间、辅助作业时间、待装卸作业时间和装卸作业时间。

对没有调车机车的港口,其总停留车时数的计算应从路局将车辆送到港口装卸线解完钩时起到装卸作业完毕,关好车门、盖好篷布、捆绑完毕、清理好列车两旁安全通道时止。它包括装卸作业时间和待装卸作业时间。

(二) 日均到港车数

这是反映路局每天平均送到港口铁路专用线的车辆数,其计算公式为:

$$\overline{N}_{日车} = \frac{\sum_{i=1}^{N} N_{车i}}{T_日} (车) \tag{7-18}$$

式中:$\overline{N}_{日车}$——日均到港车数,应分别按重车、空车计算;$\sum_{i=1}^{N} N_{车i}$——报告期送到港口铁路专用线的车辆数,要分别按重车、空车统计;$T_日$——报告期日历天数。

(三) 日均装(卸)车数

日均装(卸)车数是平均每天装车数、卸车数以及装卸车的总和,其计算公式为:

$$\overline{N}_{日装} = \frac{\sum_{i=1}^{m} N_{日装i}}{T_日} \tag{7-19}$$

$$\overline{N}_{日卸} = \frac{\sum_{i=1}^{n} N_{日卸i}}{T_日} \tag{7-20}$$

$$\overline{N}_{日装卸} = \overline{N}_{日装} + \overline{N}_{日卸} = \frac{\sum_{i=1}^{m} N_{日装i} + \sum_{i=1}^{n} N_{日卸i}}{T_日} = \frac{N_{作次}}{T_日} \tag{7-21}$$

式中:$\overline{N}_{日装}$,$\overline{N}_{日卸}$,$\overline{N}_{日装卸}$——平均日装车数、卸车数和装卸车数; $\sum_{i=1}^{m} N_{日装i}$,$\sum_{i=1}^{n} N_{日卸i}$——报告期装车、卸车数累计。

(四) 平均车时量

平均车时量是指在港装卸的车辆平均每一车 1 h 所装卸的货物吨数,其计算公式为:

$$\overline{P}_车 = \frac{\sum q_车}{\sum T_{装卸}} \tag{7-22}$$

式中:$\overline{P}_车$——平均车时量(t/车时);$\sum q_车$——车辆装卸货物吨数之和; $\sum T_{装卸}$——车辆装卸时间之和。

第五节 ◎ 港口生产设备运用指标

港口生产设备是港口企业实现经营目标的物质基础,它包括泊位、仓库和堆场、装卸机械、港内运输工具(如汽车、驳船、拖船等)、港内铁路线、自备机车等。它们的运用情况一方面可以表明港口能力与国民经济发展的适应程度;另一方面也说明港口生产设备能力的发挥程度。

一、泊位运用指标

泊位数是表示港口同时靠泊能力指标,它包括码头泊位、浮筒泊位。同时,还按船舶吨级划分为万吨级以上深水泊位数和万吨级以下的中小泊位数。港口总靠泊能力就是所有的泊位靠泊能力之和。

反映泊位运用情况的指标有泊位占用率、泊位利用率与泊位作业率。

(一) 泊位占用率

泊位占用率是指泊位被占用时间占泊位日历小时数的比重,它反映码头泊位停靠占用的程度,其计算公式是:

$$K_{泊占} = \frac{T_{泊占}}{T_{泊日}} \times 100\% \qquad (7\text{-}23)$$

式中:$K_{泊占}$——泊位占用率;$T_{泊日}$——泊位日历小时数,是指生产用泊位在册日历小时数;$T_{泊占}$——泊位日历小时数中停靠船舶(包括运输船舶和非运输船舶)占用的时间,包括装卸时间和非装卸时间。

(1)泊位占用时间应从船舶靠码头系妥第一根缆绳起到船舶离码头解完最后一根缆绳止。

(2)计算泊位占用时间时,应以既定的泊位数为准。即一个既定的泊位停靠船舶1 h,不论是停靠一艘还是两艘及以上船舶,均只能计为一个占用泊位艘时,不能计算为两个或两个以上的占用泊位艘时。

具体来说,当一个泊位靠一艘船时,其泊位占用时间就是该船停靠码头的延续时间;当一个泊位停靠两艘及以上船舶时,其泊位占用时间的计算,应从第一艘船舶靠码头起至最后一艘船舶离码头止,仍按一个泊位占用时间计算,第二艘及以后陆续靠码头的船,进行累积计算。当两个泊位停靠一艘大船时,即以该船停靠码头时间乘2作为这两个泊位的占用时间。其余靠泊船舶情况的泊位占用时间,以此类推。

(3)计算泊位占用时间时,只计算直接靠码头船所占用时间,停靠外挡的船一律不予计算。

(二) 泊位利用率

泊位利用率是指泊位生产性停泊时间占泊位日历小时的比重。它表明泊位生产的使用情况,其计算公式是:

$$K_{泊利} = \frac{T_{泊生}}{T_{泊日}} \times 100\% \qquad (7\text{-}24)$$

式中:$K_{泊利}$——泊位利用率;
$T_{泊生}$——泊位生产性停泊时间。

(三) 泊位作业率

泊位作业率是指泊位作业时间占泊位日历小时数的比重。它说明码头泊位进行装卸作业的使用情况。其计算公式是：

$$K_{泊作} = \frac{T_{泊作}}{T_{泊日}} \times 100\% \qquad (7-25)$$

式中：$K_{泊作}$——泊位作业率；

$T_{泊作}$——泊位作业时间。

泊位生产时间是指泊位占用时间中进行装卸作业的时间，包括装卸前后的准备时间、结束时间、纯装卸时间、补给供应时间及其他作业时间，其单位为艘时。

二、库(场)运用指标

库(场)运用指标是反映港口企业的仓库和堆场运用情况的指标。它统计的范围是港口企业营业用的所有仓库和堆场，包括待修、在修、待报废以及租入、借入的仓库和堆场，但不包括批准封存、出租、外借以及非营业用的仓库和堆场。

货物在中转过程中，由于种种原因不可能所有的货物全部按直接方案进行换装，其中的大多数都要在港口储存一个时期。因此，库(场)是港口生产设备中不可缺少的部分。库(场)使用情况的好坏，会影响到码头泊位的能力是否能得到充分地发挥。库(场)的使用情况还在一定程度上可以反映出港口的集疏运是否畅通，因为疏运不畅往往表现为库(场)的拥塞。

下面是库(场)运用指标。这些指标要分别按仓库、粮食圆筒仓、油库(分原油和成品油)和堆场进行统计，各港还要根据需要与可能分货种进行统计(如堆场中把煤炭堆场专门分开统计)。

(一)库(场)总面积

库(场)总面积是指所有库场面积之总和。每一库场面积等于库场的长乘宽。

$$S_{总} = \sum_{i=1}^{n} \&_i = \sum_{i=1}^{n} l_i \cdot b_i \qquad (7-26)$$

式中：$S_{总}$——库场总面积(m^2)；$\&_i$——第i座库场面积(m^2)；

l_i，b_i——第i座库场的长度、宽度(m)。

(二)库场有效面积

库场有效面积是指库场总面积减去通道、货架间距、垛距、柱距、装卸月台、固定设备、办公室占用面积等不能堆存货物的面积后，可以用来堆存货物的面积。

(三)库场面积利用率

库场面积利用率是指库场有效面积与总面积之比：

$$K_S = \frac{S_{有效}}{S_{总}} \times 100\% \qquad (7-27)$$

(四)库(场)总容量

库(场)总容量是指仓库、堆场拥有的最大堆存能力，其计算公式为：

$$W = S_{有效} \cdot a_{技} = S_{总} \cdot K_S \cdot a_{技} \qquad (7-28)$$

该公式是理论上的容量。

库(场)平均仓容量为：

$$\overline{W} = \frac{\sum (S_{有效} \cdot a_{使})}{T_{营}} \qquad (7\text{-}29)$$

式中：$a_{技}$——单位面积技术定额（t/m^2）；$a_{使}$——单位面积使用定额（t/m^2）；

W——库（场）总容量（t）；$\overline{W}$——平均仓容量（t）；$T_{营}$——库（场）营运期（天）。

（五）货物堆存吨数

货物堆存吨数是指报告期内实际进库（场）堆存的货物吨数，即报告期初结存货物吨数与报告期内进库（场）货物吨数之和，在统计时除统计总数外还应分别按进仓库数和进堆场数，并须按主要货种分别统计。

$$Q_{堆} = Q_{结} + \sum Q_{进} \qquad (7\text{-}30)$$

式中：$Q_{堆}$——货物堆存吨数；$Q_{结}$——上期末库（场）结存吨数；

$\sum Q_{进}$——每天进库（场）吨数之总和。

（六）货物堆存吨天数

货物堆存吨天数是库（场）堆存货物吨数与其堆存天数的乘积之总和，由于目前库（场）统计不是分票进行的，所以在实际工作中可按下式计算：

$$G_{吨天} = Q_{堆} \cdot T_{堆} = \sum Q_{结天} + \sum Q_{出天} \qquad (7\text{-}31)$$

式中：$G_{吨天}$——货物堆存吨天数；$\sum Q_{结天}$——每天结存吨天数总和；

$\sum Q_{出天}$——每天出库场吨天数总和；$T_{堆}$——货物堆存天数。

货物在库场内堆存吨天数的增加虽然可以增加港口的堆存收入，但这又显示出入库场货物吨数的增加或平均堆存天数的延长。入库场吨数的增加就意味着操作量的增加，从而增加了货物装卸成本；堆存天数的延长则意味着货物周转速度的延缓。这些对全局来说都是不利的，在分析时应该注意。

（七）平均堆存期

平均堆存期是指每吨货物在库场内平均堆存的天数，其计算公式是：

$$\overline{T}_{堆存} = \frac{G_{吨天}}{Q_{堆}}（天） \qquad (7\text{-}32)$$

式中：$\overline{T}_{堆存}$——货物平均堆存期（天）。

这个指标可以反映库（场）的运用情况，作为编制计划时确定库（场）可接纳的货物数量的根据，也是确定港口规模的重要依据之一。在营运工作中应力求缩短平均堆存期，以提高库场接纳货物的次数，充分发挥码头泊位等其他环节的生产能力。同时，缩短平均堆存期也就加快了货物周转的速度，可以减少货主资金积压的损失。货物平均堆存的长短固然与集疏运系统的完善程度有关，也与港口和货主、其他运输部门的协作有密切的关系。

（八）库（场）容量运用率

库（场）容量运用率是一个反映库（场）容量利用程度的指标，其计算公式是：

$$K_W = \frac{\overline{Q}_{堆}}{W} \times 100\% = \frac{G_{吨天}}{Q_{容} \times T_{营}} \times 100\% \qquad (7\text{-}33)$$

式中：K_W——库（场）容量运用率；$\overline{Q}_堆$——平均每天堆存货物吨数。

它的计算公式是：

$$\overline{Q}_堆 = \frac{G_{吨天}}{T_营} \tag{7-34}$$

（九）容量周转次数

这是反映库（场）容量利用情况的另一个指标，是指在营运期内库（场）单位容量平均周转的次数，其计算公式是：

$$N_容 = \frac{Q_堆}{Q_容} = \frac{T_营}{T_{堆存}} \times K_W \tag{7-35}$$

（十）入库系数

入库系数是进入库（场）的货物堆存吨数与通过港口的货物自然吨数之比，其计算公式为：

$$K_入 = \frac{Q_入}{Q_自} = 1 - K_直 \tag{7-36}$$

式中：$K_入$——货物入库系数；$Q_入$——货物入库的堆存吨数；$Q_自$——货物自然吨；$K_直$——货物直接换装比重，即通过一个操作过程就能完成换装作业的货物量占通过港口全部货物量的比重。

三、机械运用指标

（一）机械完好率（$K_{机完}$）

机械完好率是反映其技术良好状况的一项指标，其计算公式为：

$$K_{机完} = \frac{T_{机完}}{T_{机日}} \times 100\% \tag{7-37}$$

式中：$K_{机完}$——机械完好率；$T_{机完}$——机械完好台时，即装卸机械技术状况良好可供使用的台时，包括工作台时与停工台时；$T_{机日}$——机械日历台时，即装卸机械在册天数乘 24 h 之积，其计量单位为台时。

（二）机械利用率（$K_{机利}$）

机械利用率是反映其利用程度的指标，其计算公式是：

$$K_{机利} = \frac{T_{机工}}{T_{机日}} \times 100\% \tag{7-38}$$

式中：$K_{机利}$——机械利用率；$T_{机工}$——机械工作台时，即装卸机械实际进行装卸作业和其他工作（如移动工作场地、途中行驶）的台时。

（三）平均台时产量

平均台时产量是指每台机械每作业台时所完成的起运吨数，其计算公式为：

$$\overline{P}_{台时} = \frac{\sum q_货}{\sum T_{作业}} \tag{7-39}$$

式中：$\overline{P}_{台时}$——平均台时产量（吨/台时）；$\sum q_{货}$——机械装卸货搬运货物吨数之和；$\sum T_{作业}$——机械作业台时之和,即从开始装卸作业时起至最后一次货物装卸完毕时止的全部时间之和。

（四）同时作业车辆数

这是港口作业能力的指标,即港口同一时间可以开工作业的车辆数,取决于港口装卸能力及其组织。同时,作业车辆数应该根据港口的生产任务确定,可用下列公式计算：

$$\overline{N}_{车} = \sum_{i=1}^{m} \frac{Q_i}{T_{营} \cdot t_{日} \cdot \overline{P}_{i车} \cdot \overline{m}_{i车}} \tag{7-40}$$

式中：$\overline{N}_{车}$——同时作业车辆数；$\overline{P}_{i车}$——第 i 类货物车辆装卸工时效率（吨/工时）；$\overline{m}_{i车}$——第 i 类货物车辆作业线配工人数（人/车）；Q_i——第 i 类货物营运期运量（或车辆作业量）。

同时作业舱口数、车辆数可以分货种计算,也可以进行综合计算,只是某些参数取值不同而已。同时作业能力为什么给以平均数的概念,请大家参与分析、讨论。

（五）同时出机台数

这也是港口作业能力的指标之一。它是支持同时作业舱口数、车辆数的基础。

四、驳运指标

驳运是港内运输的重要方式之一,尤其是河港和河口港。驳运的主要指标有驳运量、驳运船舶在册总吨位（功率）天数、驳运船舶使用吨位（功率）天数、驳运船舶使用率、平均驳运船舶吨位（功率）数、平均每吨位（功率）船舶驳运量等。

（一）驳运量

港口为运输船舶装卸服务及货物集散所进行的港内驳船完成的驳运工作量,其计算单位为吨。

（二）驳运船舶在册总吨位（功率）天数

在一定时期内港口所使用的驳运船舶的营运时间和非营运时间之和,是从时间上反映驳运船舶所处状态和营运情况的总指标,是计算和统计驳运船舶效率的基础数据之一。考虑到船舶大小对于运输能力与工作量的影响,驳运船舶在册总吨位（功率）天数的总时间（营运时间和非营运时间）指标,都应以吨位（客位、功率）天数作为计算单位。其计算方法是：以驳运船舶的定额吨位（客位、功率）数乘其相应的时间（以小时计算。除以 24 h,折算为 1 天）。在统计中,驳运船舶总时间是指港口使用的驳运船舶,在报告期内已完成航次的全部时间。在发生驳运船舶增减变动时,新增驳运船舶,自办妥固定资产登记之日起计算；报废驳运船舶,自主管机关批准报废之日起不再计算；调入、调出驳运船舶,以双方交接船舶之日为期,调入方开始计算,调出方不再计算。

（三）驳运船舶使用吨位（功率）天数

实际参加驳运船舶的定额总吨位（功率）与使用天数（在营运时间中扣除因船员不

足及非技术不良而停航的时间)的乘积。

(四)驳运船舶使用率

驳运船舶使用率是指实际使用驳运船舶吨位(功率)天数与营运驳运船舶吨位(功率)天数的百分比。其计算公式为：

$$船舶使用率(\%) = \frac{使用吨位(功率)天数}{营运吨位(功率)天数} \times 100\% \tag{7-41}$$

(五)平均驳运船舶吨位(功率)数

平均驳运船舶吨位(功率)数是指一定时期内,港口平均每天所拥有的驳运船舶数量。其计算公式为：

$$平均驳运船舶吨位(功率)数 = \frac{驳运船舶在册总吨位(功率)天数}{日历天数} \tag{7-42}$$

(六)平均每吨位(功率)船舶驳运量

平均每吨位(功率)船舶驳运量是指一定时期内,平均每吨位(功率)船舶完成的驳运货物吨数。其计算公式为：

$$平均每吨位(功率)船舶驳运量 = \frac{驳运量}{驳运船舶吨位(功率)数} \tag{7-43}$$

第六节 ◉ 劳动工日指标

一、日历工日

日历工日,由应出勤工日和公休及节假工日两部分组成。应出勤工日是由实际出勤工日和缺勤、病、事假工日组成。实际出勤工日包括:公差工日、实际工作工日(时)。实际工作工日(时)包括:装卸工作工时、停工(待时)工时、非装卸作业工时。

我国实行每周5天工作的制度,因此,公休日与节假日工日继续工作均应按加班支付劳动报酬,收取装卸费用。法定的节假日共7天,全年公休日115~116天。

二、出勤率

出勤率是指实出勤工日与应出勤工日之比：

$$\eta_{出} = \frac{实出勤工日}{应出勤工日} \times 100\% \tag{7-44}$$

三、工时利用率

工时利用率是指实际工作工日与实出勤工日之比：

$$\eta_{利} = \frac{实际工作工日}{实出勤工日} \times 100\% \tag{7-45}$$

四、装卸工时利用率

这一指标考核装卸工时利用情况。

$$\eta_{装卸} = \frac{纯装卸工日}{实出勤工日} \times 100\% \tag{7-46}$$

第七节 ◉ 安全质量指标

一、安全指标

考核港口的安全指标,只有因工死亡率一项:

$$因工死亡率 = \frac{因工死亡人数}{职工在册人数} \times 100\% \tag{7-47}$$

二、货物质量指标

(一)货损率

货损率是指货损件数占货运总件数的万分比:

$$货损率 = \frac{货损件数}{货运总件数} \times 1/10\ 000 \tag{7-48}$$

(二)货差率

货差率是指货差件数占货运总件数的万分比:

$$货差率 = \frac{货差件数}{货运总件数} \times 1/10\ 000 \tag{7-49}$$

(三)赔偿金额率

赔偿金额率是指货损、货差的损失金额占运输总收入的万分比:

$$赔偿金额率 = \frac{赔偿金额}{运输总收入} \times 1/10\ 000 \tag{7-50}$$

本章小结

本章主要介绍了港口生产活动中的各种指标,通过对这些指标的了解,能方便我们对生产活动的状态和生产成果进行统计,掌握已经达到的水平,更好地完成生产计划,提高港口的综合能力。

案例分析

案例1:《智慧港口等级评价指南》发布实施(引自中国港口官网)

"十三五"期间,交通运输部启动智慧港口示范工程建设,起到良好的示范效应,也遇到业务协调、管理和技术融合等建设发展不平衡等挑战。为深入贯彻习近平新时代中国特色社会主义思想和习近平总书记关于港口发展的重要指示精神,落实《交通强国建设纲要》和《关于建设世界一流港口的指导意见》。在交通运输部水运局指导下,《智慧港口等级评价指南——集装箱码头》团体标准由中国港口协会于 2022 年 1 月 12 日发布。

该标准首次明确定义智慧港口是以现代化设施设备为基础,以完善的发展规划、管理机制为导引,通过物联网、移动互联网、云计算、大数据、人工智能等新一代信息技术与港口功能的深度融合,具备智能管理、智能装卸、数智服务等鲜明特征的新型生态港口。该标准采用定量和定性结合的方式,设置了智能管理、设施设备、信息技术、数智服务 4 个一级评价指标,重点考查港口经营人的智慧港口管理、设施设备情况、信息技术的先进性、服务的普及程度和服务水平等方面。智慧港口等级评价指标体系由一级指标、二级指标、三级指标构成,各级指标见案例表 1-1~ 表 1-4。

案例表 1-1　"智能管理"评价指标和评价要素

一级指标	二级指标	三级指标	评价要素
智能管理	发展机制	发展规划	(1)编制智慧港口相关发展规划
			(2)规划和年度计划的协调性
		管理机制	(1)具有智慧港口管理、运行维护的机构和人员
			(2)具备智慧港口的管理体系
			(3)具备完善的智慧港口建设的考核制度
		教育培训	(1)具有智慧港口建设的教育培训计划,且有效实施
			(2)积极参加国内外组织的各类智慧港口新技术培训和交流
			(3)定期组织专项操作技能培训
		资金投入	(1)具有智慧港口建设专项资金计划
			(2)资金实施情况
	管理能力	管理系统	(1)具备企业运营管理系统,包括但不限于财务、人力资源、设备等管理系统
			(2)各管理系统的智能化功能
			(3)各管理系统的智能化水平
		管理协同	(1)各管理系统之间的互联互通、数据共享
			(2)系统之间业务智能协同

案例表 1-2　"设施设备"评价指标和评价要素

一级指标	二级指标	三级指标	评价要素
设施设备	生产设施设备	装卸自动化	(1)码头前沿装卸设备
			(2)堆场起重机械
			(3)水平运输设备及其他
			(4)装卸设备管控系统功能
			(5)装卸设备管控系统的智能化水平
		智能操作系统	(1)码头操作系统的自动化、智能化水平
			(2)系统功能
			(3)自主知识产权
		智能闸口	(1)车辆通过智能闸口占比
			(2)闸口功能
			(3)闸口性能
			(4)闸口智能化水平
		智能理货	(1)具有集装箱智能理货信息系统
			(2)理货系统功能
			(3)理货系统性能
			(4)理货系统的智能化水平
	信息化设施	感知	(1)感知设施使用覆盖程度
			(2)感知类别
			(3)感知设备数据采集功能
			(4)感知设备数据采集性能
			(5)感知设备数据采集水平
		网络	(1)港区传输网络的覆盖程度
			(2)港口传输网络的技术水平
			(3)网络的稳定性、可靠性
			(4)网络的安全性
		大数据中心	(1)大数据中心的云化程度
			(2)数据采集,包括但不限于生产、管理、物流、节能环保和安全等数据
			(3)具备大数据平台,包括但不限于决策支持系统、数据分析和应用、采用商业智能、管理驾驶舱、机器人流程自动化等技术
			(4)系统具有自主学习功能
			(5)大数据平台的智慧化水平
		信息安全	(1)网络设备设施的运行安全
			(2)机房运行安全
			(3)系统、数据的运行安全

案例表 1-3 "信息技术"评价指标和评价要素

一级指标	二级指标	三级指标	评级要素
信息技术	数据与接口	数据标准化	(1)在数据采集、生产、处理、应用等过程中符合国际、国家、行业和团体标准
			(2)数据分类、统计、分析和预测等智能程度
			(3)数据规范性、完整性、准确性和一致性
		接口标准化	(1)内部交互、交换、共享等过程中数据互联互通的标准化程度
			(2)外部交互、交换、共享等过程中数据互联互通采用国际、国家、行业和团体标准的程度
	技术集成	物联网系统	(1)具有物联网综合管理平台
			(2)具有物联设备的接入、边缘计算、设备状态跟踪、互联网设备管理等功能
		地理信息系统	(1)港区地理要素信息数据化建模
			(2)具有港区地理信息系统
			(3)具有对相关业务和门户系统提供支持服务功能
			(4)系统编辑功能
			(5)系统水平
		智能监控系统	(1)智能安防、视频监控和分析为一体的系统
			(2)系统功能,包括但不限于智能车辆拥堵检测、安防入侵检测、人员出入跟踪、全程火灾分析、能耗和环保等视频监控等
			(3)系统智能化水平
		移动应用	(1)移动技术平台的功能和水平
			(2)移动应用功能,包括但不限于移动设备管理、应用集市管理、移动应用开发和运维及一站式服务功能
		技术融合	(1)5G、北斗通信技术应用
			(2)人工智能技术应用
			(3)自动驾驶技术应用
			(4)区块链技术应用
			(5)数字孪生技术应用
			(6)其他新技术应用

案例表 1-4 "数智服务"评价指标和评价要素

一级指标	二级指标	三级指标	评价要素
数智服务	实施成效	装卸效率	(1)单机效率
			(2)单船效率
		岸线利用率	(1)岸线利用率
		单箱成本	(1)单箱成本
		节能环保	(1)单箱综合能耗
			(2)单箱碳排放强度
			(3)主要污染物排放(COD、NH_4)
			(4)非传统水源利用
	物流服务	业务线上办理	(1)港口业务线上办理率,包括但不限于提箱、提货、理货、进港、查验、支付等业务线上办理率
			(2)线上平台用户比例,包括但不限于运输公司(水路、公路、铁路)、船代、货主、货代等用户的线上比例
		单证电子化	(1)舱单、船图、提货单、装箱单、设备交接单和船期信息、多式联运等单证电子化程度
		集疏运体系	(1)港口集疏运体系结构覆盖集港公路、铁路、水路和航空的衔接性、完整性和协调性
			(2)港口水水中转、铁水中转等多式联运的发展水平
			(3)水水、铁水、内外交通运营组织的一体化水平
		客户服务	(1)客户关系服务系统功能,包括但不限于营销、合同、电子签章、收费与结算等服务功能
			(2)采用大数据、客户画像等新技术,对客户提供精准化和个性化服务
			(3)系统信息反馈处理的响应速度和满意度
			(4)系统便捷、高效的用户体验
	监管协同	信息共享	(1)与海关、国检等口岸监管部门信息共享
			(2)与交通运输行业监管部门信息共享,包括但不限于海事局、航道、铁路、公路等监管部门
			(3)与其他部门信息共享,包括但不限于环保、水利、公安、应急等监管部门
		业务协同	(1)进出口货物查验、环保等,与海关、海事等口岸监管部门建立业务协同监管机制

同年 5 月中旬中国港口协会依据《智慧港口等级评价指南集装箱码头评价实施细

则》对辽宁、天津、山东、上海、浙江(宁波)、福建(厦门)、广东(深圳、广州)、江苏、安徽、湖北等地的有关港口企业开展智慧港口等级评价试打分,并组织专家进行实地调研,研究打分的合规合理性,从而体现以评促建的目的。

分析:随着智慧港口的发展建设,港口的评价指标也应与时俱进,重点考虑港口自动化、数字化、智能化等要素。通过建立智慧港口等级评价体系,再辅以评价工作开展实施,可将智慧港口建设方案的全貌和发展过程具象化,以便找寻影响智慧港口发展的关键要素,从而优化智慧港口规划设计,明确建设方向和目标,认清短板,着力解决痛点、难点和堵点,促进相关方协调、协同、约束、激励,加快推进世界一流智慧港口以及港口高质量发展。

案例2:"十四五"时期水运发展主要指标的提出(引自交通运输部官网)

我国已转向高质量发展阶段,国内国际新形势对加快建设交通强国、构建现代化高质量国家综合立体交通网提出了新的更高要求。"十四五"时期,水运行业将进入攻坚短板、创新驱动、深化改革的关键阶段。在上述背景下,交通运输部根据《中华人民共和国国民经济和社会发展第十四个五年规划和2035年远景目标纲要》、《交通强国建设纲要》和《国家综合立体交通网规划纲要》,按照"十四五"综合交通运输体系发展规划总体要求制定了《水运"十四五"发展规划》,为未来五年内我国水运事业发展指明了方向。

《水运"十四五"发展规划》包括现状与形势、总体要求、重点任务、保障措施四部分内容。

1.现状与形势。包括发展现状、形势要求和需求预测。水运"十三五"规划目标基本完成,构建新发展格局对水运行业发展提出了更高要求。"十四五"时期,预计水运需求将在高基数上保持中低速增长,2025年水路货运量、港口吞吐量将分别达到85亿吨、164亿吨,年均增长2%~3%。

2.总体要求。包括指导思想、基本原则和发展目标。基本原则包括:强化支撑保障、推进创新驱动、加强统筹协调、促进开放融合、坚持绿色安全。到2025年,新增国家高等级航道2 500千米左右,基本连接内河主要港口。世界一流港口建设提质增效,保障能力适度超前。智慧绿色安全发展水平显著提升,支撑国家战略能力明显增强。展望2035年,安全、便捷、高效、绿色、经济的现代水运体系基本建成,为建设人民满意、保障有力、世界前列的交通强国做好支撑。

3.重点任务。八项任务包括:一是集中攻坚,重点建设高等级航道;二是强基优能,打造高能级港口枢纽;三是统筹融合,推动联运高质量发展;四是降本增效,发展高水平水路运输;五是创新驱动,引领智慧水运新发展;六是巩固提升,推进绿色平安新发展;七是开放拓展,提升水运国际竞争力;八是深化改革,提升管理能力与水平。

4.保障措施。包括坚持党的领导、加强组织实施、强化要素保障、做好监督评估。

规划中首先总结了"十三五"规划主要目标完成情况,并指出"十四五"时期水运发展的主要指标。

"十三五"时期,面对错综复杂的国际国内形势,水运行业践行新发展理念,围绕黄金水道、一流港口建设,基本完成了规划目标。水路货运量、港口货物吞吐量稳居世界第一,在建设综合交通运输体系、服务国家战略实施中发挥了重要支撑作用。在《水运

规划》中重点总结了水运"十三五"发展规划主要目标完成情况,见案例表2-1:

案例表 2-1　"十三五"规划主要目标完成情况

指标	2015 年	规划目标		完成情况
		2020 年	增长	2020 年
沿海港口万吨级以上泊位数(个)	2 207	2 527	320	2 576
新增及改善内河航道里程(km)	/	/	4 500	5 000
沿海港口通过能力适应度	1.05	>1.0	/	>1.0
沿海大型专业化码头通过能力适应度	>1.1	>1.0	/	>1.0
内河高等级航道达标率	72%	90%	18%	85%

在总结"十三五"期间水运行业取得成果过程中可以发现该行业发展目前仍存在一些短板,不平衡不充分问题仍然突出,主要问题如下:(1)内河航道仍是综合立体交通网建设中的短板;(2)港口与其他运输方式的一体化融合水平仍需提高;(3)绿色发展水平有待提升;(4)各部门共同推进水运发展的机制有待进一步完善。

为改进"十三五"发展规划的短板,"十四五"时期水运发展规划对发展主要指标做出了调整如案例表2-2所示:

案例表 2-2　"十三五"和"十四五"时期水运发展主要指标变化情况表

"十三五"时期水运发展主要指标	"十四五"时期水运发展主要指标
沿海港口万吨级以上泊位数(km)	新增及改善内河航道里程(km)
新增及改善内河航道里程(km)	新增国家高等级航道(km)
沿海港口通过能力适应度	沿海大型专业化码头通过能力适应度
沿海大型专业化码头通过能力适应度	沿海主要港口铁路进港率(%)
内河高等级航道达标率	集装箱铁水联运量年均增长率(%)

由于内河航道是综合立体交通网建设中的短板,因此"十四五"时期将新增及改善内河航道里程作为首要的发展指标进行重点改善;由于港口与其他运输方式的一体化融合水平仍需提高,因此新增集装箱铁水联运量年均增长率指标,按照一体化融合发展的要求,加强统筹协调,推进港口枢纽一体化规划建设,完善集疏运体系,大力发展铁水联运、水水中转,推动联程运输高质量发展。

分析:指标让规划的方向更明确、目标更清晰。指标不仅可以衡量企业发展水平,还可以引导行业整体的未来发展方向。有关部门、单位通过将发展目标指标化,可以明确行业(企业)发展规划、推动行业(企业)高质量蓬勃发展。水运"十四五"发展规划的提出,为水运行业包括港口等企业明确了未来五年的发展方向和目标,对促进安全、便捷、高效、绿色、经济的现代水运体系建设、世界一流港口建设,提供了强有力的保障。

案例3:港口综合发展评价指标体系的开展(引自百度百科)

党的十八大以来,习近平总书记多次亲临港口视察,提出"做到四个'一流',为'一带一路'建设服务好""沿海地区要想富也要先建港""经济强国必定是海洋强国、航运强国""经济要发展,国家要强大,交通特别是海运首先要强起来""要志在万里,努力打造世界一流的智慧港口、绿色港口"等重要指示,对新时代港口发展寄予了殷切期望,并为港口指明了发展方向,提供了根本遵循。为深入贯彻习近平新时代中国特色社会主义思想和习近平总书记关于港口发展的重要指示精神,贯彻落实《交通强国建设纲要》相关领域的目标任务,加快世界一流港口建设,中国经济信息社联合交通运输部水运科学研究院开展一流港口综合评价体系研究与应用,构建了由 4 项一级指标和 10 项二级指标构成的评价指标体系,二级指标主要包括港口货物加权吞吐量、航线覆盖率、港口岸线利用效率、服务在线化安全生产、口岸便利化、腹地辐射能力、经济贡献、船舶在港平均停时、绿色发展等 10 项指标,并形成了研究成果《中国港口高质量发展报告》《中国沿海港口国际声誉研究报告》。其中《中国港口高质量发展报告2019》结果显示,2019 年 22 个沿海主要港口综合得分最高水平为 9.19 分,平均水平为7.26 分,最低水平为 5.83 分,上海港、宁波舟山港、深圳港、青岛港在沿海港口中处于领先水平。《中国沿海港口国际声誉研究报告》2019 年数据显示上海港、宁波舟山港、青岛港、天津港等表现亮眼。

上海港、宁波舟山港两个"世界冠军港"在吞吐量指标排名上也略有差异,案例表 3-1 是 2019 年两大港口不同指标下的全国排名情况。

案例表 3-1　两大港口不同指标下的全国排名情况

指标	上海港	宁波舟山港
货物吞吐量排名	2	1
集装箱吞吐量排名	1	2
《中国港口高质量发展报告》排名	1	2
《中国沿海港口国际声誉研究报告》排名	1	2

分析:过去以码头能力、吞吐量为核心的港口评价体系,已难以适应港口高质量发展的需要。突出表现在:(1)反映港口规模、速度的指标多,体现质量、效率的指标少;(2)反映港口自身发展水平的指标多,体现支撑城市和区域经济发展的指标少;(3)反映港口基础设施能力的指标多,体现港口服务水平的指标少。因此,加快构建港口高质量评价指标体系,为行业发展提供更为科学合理的评价标准和基本参照,成为新时代港口发展面临的一项重要工作。

在衡量港口综合发展水平时,逐渐淡化将吞吐量增长作为港口综合发展水平的唯一评价指标,用科学发展的理念和思路来考量港口的综合竞争力和综合发展能力。上述案例在进行港口综合发展评价时,侧重点不再只是单一的吞吐量增长率,而是考虑更加全面的港口综合发展,不同的评价指标体系得出的排名结果也有所差异。

思考题

1.港口指标的概念是什么？论述其分类及相关指标间的联系。

2.港口吞吐量是如何分类的？计算方法有哪些？

3.装卸自然吨、吞吐量、操作量三者间的关系是什么？

4.装卸工作量指标包括哪些？各自的含义是什么？

5.船舶、车辆在港的主要指标有哪些？指标是如何计算的？

6.港口生产设备运用指标有哪些？试述其关键指标对生产的指导意义。

参考文献

[1] 田野.港口重大件货物装卸工艺及捆绑加固.北京:人民交通出版社,1981.

[2] 黄玉荣.港口散粮筒仓.北京:人民交通出版社,1982.

[3] 余洲生.港口装卸机械.北京:人民交通出版社,1984.

[4] 宋德弛.港口装卸工艺.北京:人民交通出版社,1991.

[5] 程贵起.船舶货运.大连:大连海事大学出版社,1992.

[6] 肖钟熙.港口企业管理.大连:大连海事大学出版社,1992.

[7] 林祖乙.国际集装箱运输.北京:人民交通出版社,1993.

[8] 贺顺保.货物学.大连:大连海事大学出版社,1997.

[9] 陈戍源.集装箱码头业务管理.大连:大连海事大学出版社,1998.

[10] 中华人民共和国交通部.海港总平面设计规范.上海:立信会计出版社,1999.

[11] 宋德弛.中国港口与运输实务.北京:人民交通出版社,1999.

[12] 张炳华,张亚明,冯房柱,等.集装箱应用全书.北京:人民交通出版社,2000.

[13] 秦同瞬.港口装卸工艺实务.北京:高等教育出版社,2001.

[14] 交通部水运司.港口起重运输机械管理手册.北京:人民交通出版社,2002.

[15] 于汝民.港口规划与建设.北京:人民交通出版社,2003.

[16] 于秀芬.港口装卸工艺.大连:大连海事大学出版社,2003.

[17] 宗蓓华,真虹.港口装卸工艺学.北京:人民交通出版社,2003.

[18] 张晓.海上货物运输.大连:大连海事大学出版社,2004.

[19] 徐大振.水运概论.北京:人民交通出版社,2005.

[20] 宋海良.现代集装箱港区规划设计与研究.北京:人民交通出版社,2006.

[21] 蔡志洲.交通建设项目环境影响评价方法及案例.北京:化学工业出版社,2006.

[22] 李守巨.港口与航道土木工程师实务手册.北京:机械工业出版社,2006.

[23] 杨茅甄.国际集装箱港口管理实务.上海:上海人民出版社,2007.

[24] 王诺.工程物流学导论.北京:化学工业出版社,2007.

[25] 刘均申,黄兴娜.原油海洋运输业务管理实务.北京:人民交通出版社,2009.

[26] 孙家庆,刘翠莲,唐丽敏.港口物流理论与实务.北京:中国财富出版社,2010.

[27] 杨茅甄.散货港口管理实务.上海:上海人民出版社,2010.

[28] 汪长江.港口物流学.杭州：浙江大学出版社,2010.

[29] 陈家源.港口企业管理学.2 版.大连：大连海事大学出版社,2011.

[30] 孙家庆,唐丽敏,刘敬彬,等.集装箱内陆港理论与实务.北京：中国财富出版社,2011.

[31] 王学锋.国际航运业务.上海：同济大学出版社,2011.

[32] 江少文.运输实务.北京：中国铁道出版社,2012.

[33] 杨茅甄.件杂货港口管理实务.2 版.上海：上海人民出版社,2015.

[34] 刘翠莲.我国交通运输业低碳绿色发展研究.北京：人民交通出版社,2015.

[35] 上海中钢投资集团.每小时 2856 吨,青岛港刷新铁矿石接卸世界纪录(2015-12-04)[2023-11-04].http://www.cs.sh.cn/topic/269.

[36] 金祺,罗勋杰,韩保爽.自动化集装箱码头水平运输设备选型.水运工程,2016(09).

[37] 腾讯视频.央视纪录片《五年规划》之董家口码头.(2016-03-15)[2023-11-04].https://v.qq.com/x/page/l0188u62uvd.html.

[38] 中国新闻网.全球最大油船"泰欧"轮首靠大连港.(2017-03-01)[2023-11-04].http://www.chinanews.com.cn/cj/2017/03-01/8162710.shtml.

[39] 刘翠莲.辽宁省港口群绿色发展研究.北京：人民交通出版社,2018.

[40] 罗勋杰,樊铁成.集装箱码头操作管理.2 版.大连：大连海事大学出版社,2018.

[41] 赵宁,徐子奇,宓为建.集装箱码头数字化营运管理.2 版.上海：上海科学技术出版社,2018.

[42] 兰培真,等.船舶载运重大件货物绑扎系固指导手册.北京：人民交通出版社,2018.

[43] 真虹.港口装卸工艺学.2 版.北京：人民交通出版社,2019.

[44] 彭传圣,于秀娟.亚太绿色港口实践精选.北京：人民交通出版社,2019.

[45] 宓为建.智慧港口概论.上海：上海科学技术出版社,2020.

[46] 交通运输部水运局.河港总体设计规范(JTS 166—2020).交通运输部官网,2020.

[47] 央视网.全国首个 5G 全场景应用智慧港口在厦门投入生产.(2020-05-11)[2023-11-04]http://news.cctv.com/2020/05/11/ARTIj4gwqHmukZZB9YErOvrD200511.shtml.

[48] 宁涛.智慧港口实践.北京：人民邮电出版社,2020.

[49] 赵娜.港口管理.2 版.北京：中国财富出版社,2021.

[50] 刘善平.港口装卸工艺.3 版.北京：人民交通出版社,2021.

[51] 王捷.船舶货运.大连：大连海事大学出版社,2021.

[52] 人民网.我国自动化集装箱码头已建和在建规模均居世界首位(2021-11-26)[2023-11-04].https://baijiahao.baidu.com/s？id＝1717477966318386867&wfr＝spider&for＝pc.

[53] 中文国际频道.青岛港的全自动化集装箱码头,作业效率是世界上最高的(2021-11-16)[2023-11-04].https://haokan.baidu.com/v？pd＝wisenatural&vid＝11676002874140534896.

[54] 山东港口.山东港口烟台港"全系统、全流程、全自动"全球首创干散货专业化

码头控制技术正式发布（2021-12-22）［2023-11-04］.https：//mp.weixin.qq.com/s/wFxjpsjUmraOP6WhkYrHHQ.

［55］福建海事.国内单体最高、最重！海上风电"巨无霸"如何安全出港？（2021-02-22）［2023-11-04］.https：//mp.weixin.qq.com/s/WOog5kyp143hom-mesXZFA.

［56］新华社.新时代·新地标｜洋山港四期：拥有"中国芯"的"无人码头".（2022-01-09）［2023-11-04］.www.news.cn/10cal/2022-10109/c_1129056897,ktm.

［57］郑伟鸿,黄争.自动化集装箱码头单小车自动化岸桥与智能导引车协同装卸作业工艺.水运工程,2022(10).

［58］日照港.150%！件杂货作业效率再创新高.（2022-07-29）［2023-11-04］.https：//mp.weixin.qq.com/s/PNYLUSIfFjbzUZyq5gfXpw.

［59］梅潇,单葆郁.港口机械装备.上海：上海科学技术出版社,2022.

［60］中国港口协会.智慧港口等级评价指南.（2022-7-01）［2023-11-04］.http：//www.port.org.cn/info/2022/210586.htm.

［61］交通运输部.水运"十四五"发展规划解读.（2022-01-29）［2023-11-04］.https：//www.mot.gov.cn/2022zhengcejd/202202/t20220204_3639756.html.

［62］中国新闻网.全球近20%的40万吨级矿石船春节期间集中靠泊山东港口青岛港.（2022-02-07）［2023-11-04］.https：//www.chinanews.com.cn/cj/2022/02-04/9668488.shtml.

［63］赵丹.港口管理实务(英文版).杭州：浙江大学出版社,2023.

［64］广州省人民政府."大鹏公主"号交付使用.（2023-02-21）［2023-11-04］.http：//www.gd.gov.cn/zjgd/sqdt/content/post_4098050.html.